Wolfgang Bühne

Si Dios realmente existiera...

Wolfgang Bühne

Si Dios realmente existiera...

CLV

Calidad en Literatura Evangélica
editorial clie

Editorial CLIE
C/Galvani, 113-115
08224 Terrassa (ESPAÑA)

CLV Christliche Literatur-Verbreitung
Postfach 110135
33661 Bielefeld
ALEMANIA

SI DIOS REALMENTE EXISTIERA...
Título original en alemán: *Wenn Gott wirlich wäre...*

Traducción al castellano: Elisabet González Martín
Revisión literaria: Santiago Escuain

Depósito Legal: 23.828-1997
ISBN 84-7645-950-5

Referencia: **22.40.57**
C.T.C: 02-07-0545-05
Clasifíquese: 07 EVANGELIZACIÓN

Impreso en los talleres gráficos de la M.C.E. Horeb,
2910 S.E. Polígono industrial Can Trias,
C/Ramon Llull, s/n
08232 VILADECAVALLS (BCN)

Printed in Spain

Si Dios realmente existiera...

Contenido

Si Dios realmente existiera...

¿Cuál sería para usted la mayor desgracia?

¿Un cáncer? ¿Un desastre financiero? ¿La pérdida del puesto de trabajo? ¿Tener que pasar el resto de la vida en una silla de ruedas? ¿El descenso del Real Madrid a segunda división?

¿Qué respondería usted espontáneamente si un periodista de TVE-1 le hiciera esta pregunta?

El hijo de un célebre editor tuvo que responder recientemente a esta pregunta en una revista de gran tirada. Las preguntas acerca de sus pasatiempos, sus puntos fuertes y sus debilidades las había contestado con humor, ingenio y a veces con un poco de sarcasmo.

Pero su respuesta a la pregunta sobre la mayor desgracia que él podía imaginar para su vida fue inesperada, breve y desconcertante:

«¡Que Dios realmente existiera!»

Evidentemente, este hombre era muy consciente de que si Dios realmente existiera verdaderamente, entonces le pediría cuentas de su vida. Y entonces su vida hasta ese momento había sido un trágico e irreparable desastre y una inversión equivocada.

Porque el hecho de la existencia de Dios tiene consecuencias revolucionarias en cuanto a nuestra manera de valorar las cosas. Entonces dejará de ser de capital importancia la velocidad con la que se deteriora la capa de ozono, o quién ocupa la primera posición en la clasificación mundial del tenis o los resultados del partido socialista en las próximas elecciones.

Sören Kierkegaard, este genial pensador y poeta danés, ha expresado así este problema con acierto:

«Sólo se vive una vez; si cuando venga la muerte has aprovechado bien tu vida, es decir, la has usado con arreglo a la eternidad, entonces, alabado sea Dios; si no lo has hecho así, no podrás arreglarlo eternamente –sólo se vive una vez.»

Yo no creo en la reencarnación como los hinduistas o los esotéricos. La idea de tener por delante después de esta vida otra vida –en el peor de los casos, en forma de cucaracha, como me contaba últimamente una mujer india– no me entusiasma ni me convence.

Creo que es digno de confianza lo que enseña la Biblia, esto es, que cada ser humano solamente dispone de una vida, por la que, después de su muerte, tendrá que rendir cuentas delante de Dios. Pero esta convicción no me infunde horror. ¿No es verdad que la vida no tiene sentido hasta que recibe un punto de referencia fuera de la limitación humana?

Me gustaría considerar con usted algunas cuestiones importantes de la vida y reflexionar sobre la posibilidad de la existencia de Dios. También quiero estudiar si el hecho de la existencia de Dios tiene forzosamente que provocar sólo consternación, o si entraña respuestas razonables y liberadoras para los interrogantes más profundos de nuestra vida.

Cuando Copérnico y Galileo publicaron hace siglos su descubrimiento revolucionario de que no era la tierra el centro sino el sol alrededor del cual giraba todo, esto causó al principio tal indignación que Galileo Galilei, como fiel hijo de su iglesia, abjuró de su «error», para no ser sentenciado.

¡Y, sin embargo, tenía razón!

Cuando finalmente triunfó la verdad, ¿no trajo este descubrimiento fundamental al menos un poco de orden y razón a nuestra manera de pensar en las ciencias naturales?

Si Dios existiera...

¡...entonces nuestra vida es más que una danza «alrededor del cerdo de oro»!

¿Para qué vivo? ¿De dónde vengo y a dónde voy? ¿Me quedan aún muchas vidas que vivir, o solamente una? ¿Hay respuestas fiables? ¿Quién lo ve claro?

Es de suma importancia hacernos la pregunta sobre el sentido y objetivo de nuestra vida –¡porque sólo tenemos una!

Mucho en la vida se puede repetir. Cuando se ha suspendido un examen, en la mayoría de los casos hay la posibilidad de presentarse una segunda vez.

Pero nuestra vida no es como una banda sonora que se pueda borrar cuando la primera grabación ha salido mal, sino como un reloj de arena, que transcurre lenta y silenciosamente, pero sin poderla detener. O como una vela encendida que se va consumiendo hasta que se apaga la última chispa.

Muchos de los que están en la cárcel tienen la costumbre de hacer una lista de rayas en la que señalan cada día que ha pasado, viendo así como se aproxima el día de su puesta en libertad.

Pensándolo bien, no sería una mala idea si cada uno de nosotros hiciera una lista así de su vida. Quizás seríamos más conscientes entonces de que cada día de nuestra vida es único e irrepetible.

Y alguna vez –inevitable e irremediablemente– llegará el último día de nuestra vida. Entonces quedará contestada la pregunta si nuestra vida pasada ha tenido sentido y si ha logrado su objetivo.

En el fondo, es difícil comprender que la gente joven sea a veces tan superficial e inconsiderada como para reflexionar sobre el sentido de la vida, y que la gente mayor eluda esta cuestión por haberse pasado ya casi la suya.

Recuerdo una campaña en un correccional de menores en Siegburg. Una organización de ayuda a los presos y a los ex reclusos había preparado un programa para varios días que constaba de canciones, escenas, testimonios y un corto mensaje que debía dar yo. Cada tarde se repanchigaban en los bancos incómodos de la capilla entre 60 y 100 de estos jóvenes, parloteando, masticando chicle y riendo de manera provocativa, preparados para desfogar su cólera a la primera oportunidad que se les presentara.

No tuvieron que esperar mucho, porque mi mensaje tenía como título: «Las cuatro ventajas de un enchironado en Siegburg».

Cuando empecé a explicar en el primer punto que comparados con otras personas ellos tenían la ventaja de tener tiempo en la cárcel para reflexionar sobre su vida, los primeros ya comenzaron a gruñir. Pero cuando les aconsejé con insistencia que no se hicieran mutuamente añicos el último resto de cerebro que les quedaba y que dejasen de acribillarse a base de drogas, precisamente por esta misma ventaja, el enojo fue grande.

Pero al cabo de esa semana, unos cuantos de estos jóvenes pidieron hablar con nosotros a solas y reconocieron que en verdad había sido ahí en la cárcel donde por primera vez habían reflexionado sobre su vida y su relación con Dios.

Es trágico que la mayoría de las personas empiezan a hacerse la pregunta más importante de su vida cuando caen enfermos o pasan por una crisis.

Pero nuestra vida no sólo es única, sino que también es corta, muy corta, y este hecho le da un peso decisivo a la pregunta acerca de nuestro origen y destino.

No sé si a usted le ocurre lo mismo que a mí: Cuantos más años pasan, más tengo la impresión de que las agujas del reloj corren cada vez más deprisa y de que los años pasan a una velocidad vertiginosa.

Cuando tenía edad preescolar, la siesta obligatoria de una hora me parecía durar una eternidad. Unos años después, en la escuela primaria, los lunes por la mañana, el fin de semana tan esperado estaba infinitamente lejos. Finalmente, cuando empecé mi aprendizaje, durante el cual cada mañana, aburrido, tenía que limpiar el polvo durante una hora, por orden de un jefe escrupuloso, no me podía imaginar cómo pasarían los tres años horrorosos que tenía por delante.

Pero una vez que se ha pasado la primera mitad de la vida, los meses y años pasan volando como los últimos granos de un reloj de arena.

Alguien, regresando probablemente de una visita al cementerio, expresó en palabras una convicción profunda y conmovedora: «Nuestra vida es solamente un signo negativo entre dos fechas.» ¡Tan corta y, sin embargo, tan decisiva!

Qué tragedia si de tanto trajín y correr no tenemos tiempo para pensar en el sentido de la vida hasta el momento en que nos hallemos en el lecho de la muerte, si es que tenemos tiempo para hacerlo entonces.

La respuesta de los filósofos

Los filósofos y poetas modernos no han encontrado respuesta a la cuestión del sentido de la vida. La mayoría de ellos calificaron la vida de «absurda». Sartre afirmó que estamos «condenados a existir», o «condenados a ser libres».

Albert Camus llegó a la conclusión que «en este universo glacial, transparente y limitado hay que resignarse a que no puede haber esperanza, y por lo tanto ningún consuelo».

Hace años visité una exposición mundial en Lausana. A la entrada del recinto ferial se podía contemplar un enorme monstruo de hierro. Innumerables palancas subían y bajaban ruidosamente, rotaban infinidad de ruedas y todo en este coloso estaba en movimiento, chirriando y retumbando.

Después de haber estado reflexionando por algún tiempo delante de esta construcción, uno llegaba a la conclusión que este coloso no tenía otra función o tarea que hacer mucho ruido para nada, o demostrar a los visitantes a base de mucho ruido la falta de sentido de la vida.

También puede ser que el constructor de esta máquina fuese un pequeño filósofo, que a su manera expresaba lo que el sabio Salomón ya reconoció hace miles de años: «todo es vanidad y aflicción de espíritu».

«Mi vida no es nada más que soledad»

Janis Joplin, celebrada como reina del rock en los años 60 y adorada por los jóvenes americanos como una diosa, definía la vida como una «danza alrededor del cerdo de oro».

Un periodista la preguntó una vez que dónde veía ella el sentido de su vida. Su respuesta fue: «Emborracharme. Seguir feliz y disfrutar de los buenos tiempos. Yo hago con mi vida justamente lo que quiero. Quiero gozar de la vida. No creo que se pueda esperar más.»

A un amigo Janis le dijo: «Mejor diez años rebosando de felicidad y desenfreno, que llegar a los 70 para estar en un maldito sillón viendo la tele».

Pero no llegó ni a los 30, sino que murió con 27 años después de su séptimo intento de suicidio.

Ella, que durante sus conciertos desenfrenados, tenía a mano siempre una botella de whisky, mandó en su testamento que sus amigos se bebieran su dinero. De hecho, sus 200 fans cumplieron su deseo y con sus 2.500 dólares se emborracharon durante una fiesta en San Anselmo, mientras que sus cenizas eran esparcidas en el Pacífico, según su voluntad.

Una de sus últimas canciones se titulaba «La vida no es nada más que soledad...»

Unos días antes había sido enterrado Jimmy Hendrix, el famoso «rey de la música rock». Un conocido crítico musical opinó que Hendrix posiblemente haya sido el mayor músico de su generación.

Cada uno de sus discos se vendía más de un millón de veces. Por un concierto le pagaban entonces la cifra increíble de 100.000 dólares. Era un hombre desenfrenado, excesivo, agresivo y toxicómano. A menudo hacía añicos además de un buen número de guitarras todo lo que se le ponía por delante en el escenario.

Hendrix conducía los deportivos más caros, tiraba el dinero por la ventana y, sin embargo, era un hombre infeliz. Una vez le dijo al público: «Tenéis que poneros de luto cuando nace un niño, cuando un niño tiene que venir a este maldito mundo.»

Una de sus canciones deja claro que él tampoco podía contestar la pregunta acerca del sentido de la vida:

«¿Viviré mañana?
No puedo afirmarlo.
Pero lo que sé es que hoy no vivo.»

El 18 de septiembre de 1970 la carrera legendaria de Jimmy Hendrix llegó de repente a su fin. Le encontraron en un hotel en Londres asfixiado en su propio vómito, después de haber ingerido alcohol y tabletas para dormir. Con sus últimas fuerzas se había arrastrado todavía hasta el teléfono. El contestador automático al otro lado de la línea grabó sus últimas palabras: «¡Maldita sea, necesito ayuda, tío!»

Ahora podríamos recordar a Elvis Presley, cuya tumba ya se ha convertido en una especie de objeto de veneración. Podríamos recordar su glotonería, su toxicomanía, su temor a la vida y a la muerte.

Elvis, que, bajo los chillidos del público a veces se hacía llevar al escenario en un Cadillac con accesorios de oro y techo de nácar y vivía en un edificio parecido a un castillo como en una jaula de oro, rodeado de guardaespaldas, celebró su 40 cumpleaños en la cama, por estar demasiado deprimido como para levantarse. Los últimos años de su vida sólo pudo mantenerse a flote gracias a los abundantes psicofármacos que ingería.

El año de su muerte pesaba 125 kilos y murió el 16 de agosto de 1977 a la edad de 42 años por trastornos circulatorios.

Después de su muerte, uno de sus fans hizo un resumen amargo:

«Todo lo que le pudimos dar fue admiración y adoración, cosas que le desnaturalizaron e hicieron tan superficial, plano y bidimensional como el póster de él que tengo colgado en mi cuarto.»

Podríamos mencionar otro buen número de nombres conocidos de estrellas de la música y del cine, como Jim Morrison o Kurt Cobain, cantante del grupo «Nirvana», que pusieron fin a sus vidas suicidándose, tomando una sobredosis de heroína o jugando a la ruleta rusa.

Ni la admiración de sus seguidores entusiastas, ni el poder ejercido sobre los demás, y, menos aún, la abundancia de dinero o el consumo de droga, pudieron hacer sus vidas dignas de ser vividas.

Quizás estos ejemplos provoquen una reacción interior de defensa:

«Esto son ejemplos extremos. Yo no soy ni un rey del rock, ni una estrella de Hollywood, sino una persona totalmente normal, que tiene lo suficiente para vivir, para pagar poco a poco mi casa, mantener mi pequeño huerto e ir una vez al año de vacaciones a Mallorca.»

Tal vez usted pertenece a la generación de posguerra que pensaba que su tarea era sacar al país de la ruina. Ha trabajado y ahorrado para algún día adquirir aquello en lo que ha soñado tantos años. O para poder ofrecer a los hijos lo que usted mismo ha echado de menos en su juventud. Para ello hace horas extraordinarias, arruina su salud y se arriesga a tener un infarto precoz.

Y algún día sus descendientes compondrán una esquela con un artículo necrológico magnífico: «El trabajo fue su vida, nunca pensó en sí mismo, todo su afán era para bien de los suyos.»

¿Merece la pena vivir para eso?

«El mundo es bello...»

Luego están aquellos contemporáneos nuestros que a pesar de todas las perspectivas nefastas del futuro siguen viendo todo de color de rosa: «¿Qué dice usted? La vida es bella - y el mundo también. No nos amargue usted nuestro buen humor con su paporreo pesimista. Goce usted de la belleza de la naturaleza, escuche la «Pequeña música nocturna» de Mozart o «La trucha» de Schubert, y si es necesario incluso algo de música folclórica, pero ¡disfrute de la vida! Quien no ama el vino, las mujeres y el canto será siempre un necio y otro tanto.»

Son personas que viven suprimiendo constantemente lo negativo. Pasan por alto el hecho de que estamos rodeados de bosques que se están muriendo y sitiados por armas nucleares. Se olvidan de que nuestros mares cada año sirven más de vertedero para desechos tóxicos y que el cáncer y el SIDA están invadiendo nuestros países como en la Edad Media la peste negra.

Recuerde usted el coro de la canción de Gilbert Bécaud «El mundo es bello...», y el grito de alarma del cantante al final:

«No, no, no, –el mundo no es bello,
¡lo es sólo cuando soñamos!
¿Cómo te explicas tú que la gente ría,
sabiendo que mañana el mundo podría salir ardiendo?»

«¡No pienses en ello!»

Esa es, seguramente, la divisa de muchas personas. Llegan a casa después del trabajo con el periódico bajo el brazo, con ganas de descansar, ponerse las zapatillas, tomarse su cerveza, ver la tele y el fútbol. Y esto semana tras semana, año tras año.

Se mata el tiempo y se vive de segunda mano por mirar la vida a través de la tele. Sólo cuando se estropea la tele o se va la luz, se sale de esta rutina.

Pero nuestra vida no es un «juego sin fronteras». Aunque hoy se intente por todos los medios ahuyentar todo pensamiento de la muerte, esto no cambia el hecho de que cada diario contiene noticias de muertes y esquelas, y algún día llame «la de la guadaña» a su puerta también.

Durante mi niñez aún traqueteaban por las calles adoquinadas los carros fúnebres tirados por caballos y cada vez que los veíamos nos estremecíamos de miedo. Hoy se ha pasado más a coches silenciosos, que incluso a veces son de color, para distraer del horror de la muerte.

En generaciones pasadas la gente se solía preparar para la muerte y quería despedirse conscientemente de sus parientes.

Hoy en día se muere generalmente inconsciente y sin dolor por estar bajo calmantes, conectado a sondas y en una habitación del hospital retirada, o incluso en el pasillo o en un trastero. Sólo e inconsciente se apaga la vida, y a esto lo llaman «humanizar la muerte».

Pero toda esta supresión y evasión no impiden el hecho de que a veces nos asalte la idea de la muerte como un fantasma, privándonos de nuestra serenidad. Especialmente cuando no podemos evitar la asistencia a un entierro.

Es interesante observar las caras de las personas que presencian un entierro. Las miradas fijas en la tumba, gran desconcierto. Se impone el pensamiento horrible en el entierro propio. La idea espeluznante de estar metido en un ataúd como ese, quizás al parecer muerto, pero enterrado vivo, y tener que asfixiarnos en él, nos acosa. Predomina el alivio cuando por fin han terminado las ceremonias y los pensamientos se disipan con una que otra copa, o contemplando otra vez la vida alegre vía televisión.

Es extraño: Pensamos en todas las posibles eventualidades y concertamos un buen número de seguros para toda clase de circunstancias. Pero no consideramos, en cambio, el único hecho absolutamente seguro e irrevocable: que algún día tendremos que morir.

Mi hijo mayor tenía unos 18 años cuando una vez entré de improviso en su habitación. Estaba sentado en su escritorio y en seguida tapó desconcertado un papel. Le pregunté qué tenía que ocultar, a lo que me contestó algo vacilante: «¡Estoy escribiendo mi testamento!».

Confieso que en ese momento me causó sobresalto. Mi primer pensamiento fue: El chico o está sufriendo por un amor no correspondido o está mal de la cabeza. Un joven en la flor de su vida pensando en quién heredará sus escasas posesiones no es normal ¿no?

Pero poco después me sentí conmovido, ya que teniendo yo 24 años más que él, ¡no había hecho aún mi testamento!

¿No es razonable y sabio considerar la vida desde «la cátedra de la muerte» como lo expresó Matthias Claudius?

Seguro que muchas cosas las haríamos mejor o diferentes, y muchísimas más dejaríamos de hacerlas, si fuéramos más conscientes de la brevedad y de lo pasajero de la vida.

¿Hay una respuesta?

Recuerdo bien el día en que estrené mi primera máquina de escribir electrónica con memoria y pantalla. Hasta ese momento estaba acostumbrado a las máquinas de escribir mecánicas o las eléctricas corrientes y pensaba que en seguida me haría con los mandos de esta nueva construcción.

Leer las instrucciones tan largas y escritas de manera tan complicada me parecía una pérdida de tiempo. Así que me puse a escribir hasta que di a una tecla equivocada. Entonces la máquina empezó a emitir un sonido agudo cada vez que pulsaba una tecla y en la pantalla aparecía una y otra vez la palabra ¡No! ¡No! ¡No!

Ya nada me salía. Enfadado saqué el libro de las instrucciones y le abrí por la primera página. La primera frase parecía burlarse de mí: «Si quiere disfrutar de su aparato, lea primero atentamente las instrucciones.»

¿No ocurre lo mismo con nuestra vida? Nos ponemos a vivir a lo loco, nos las damos de listos y de repente nos encontramos ante un problema insoluble y una voz dentro de nosotros grita: «¡No! ¡No! ¡No!».

Qué bien si entonces tenemos a mano «las instrucciones» para nuestra vida, que nos enseñan cómo podemos mejor disponerla y vivir una vida que merezca llevar ese nombre. Para saber cómo funciona esa «máquina» complicada que es el hombre, hay que preguntarle a Aquel que la ha ingeniado y seguir sus instrucciones.

Reconozco que se necesita tiempo y una cabeza despejada, para entender «el libro de instrucciones» de Dios para el hombre, que es la Biblia. Al que sólo esté acostumbrado a leer «Astérix» y tebeos le costará al principio algo de trabajo entender un texto sin imágenes y bocadillos. Pero es el único camino razonable para averiguar algo cierto sobre el origen, destino y razón de nuestra vida y salir del callejón sin salida.

¿Qué dice el Creador sobre el propósito de nuestra vida?

Entre lo que el Nuevo Testamento nos cuenta sobre la vida de Jesús hay un relato interesante: Un hombre culto se dirige de pronto a Jesús y le hace una pregunta que le llevaba ocupando ya mucho tiempo (la escribo con mis propias palabras):

«Gran maestro, aunque he estudiado teología, hace mucho tiempo que vengo haciéndome una pregunta y todavía no he encontrado la respuesta: ¿Qué tenía Dios en mente cuando creó al hombre? ¿Qué misión tiene que cumplir aquí en la tierra? ¿Qué le da sentido a la vida?»

Esto es más o menos lo que Jesús le respondió:

«Con mucho gusto te diré lo que Dios espera de ti y para qué estás aquí en la tierra: Quiere que ames al Señor tu Dios con todo tu corazón, con toda tu alma, y con toda tu mente. Y al mismo tiempo tienes otra gran tarea: Amarás a tu prójimo como a ti mismo. ¡Ese es el propósito de Dios para tu vida!»

La respuesta que Jesús le dio a este hombre erudito quizá nos escandalice como el descubrimiento de Galileo escandalizó a sus contemporáneos por poner patas arriba su visión de las cosas. Pero cualquiera que esté dispuesto a modificar sus ideas y aceptar las instrucciones de nuestro Creador, notará que siguiendo las instrucciones hallará libertad, gozo y paz. Es como si a un pez que estaba en tierra dando coletazos se le echara en el agua o como si se soltara a un pájaro de la cárcel de su jaula a la libertad.

Todo lo demás sería errar el blanco, o tomando un término de la Biblia: pecado.

Si Dios existiera...

...entonces el pecado es más grave de lo que pensamos

«El médico dice que tengo el hígado hinchado», declaró Janis Joplin poco antes de su muerte y –enfadada por este diagnóstico– añadió: «¡No volveré nunca más a ese médico!»

Así se puede desatender un diagnóstico profesional que podría posiblemente salvarle a uno la vida.

Es una pena que muchas personas reaccionen de manera semejante cuando oyen la sentencia de Dios sobre su vida. El resultado es fulminante en su claridad, y, sin embargo, podría ser la base para salvar la vida, si no ignorásemos los síntomas de nuestra enfermedad.

Para muchos, la expresión «pecado» parece ser una reliquia de la Edad Media que hoy en día no sirve para nada. Evidentemente, la noción de esta palabra bíblica ha sufrido un cambio.

Supongamos que voy a la estación principal de Colonia equipado con un radio-casete y un micrófono. Allí pregunto a la gente lo que ellos entienden por «pecado», para hacerme una idea de lo que el hombre moderno piensa sobre este asunto.

Es casi seguro que el resultado sería el siguiente:

A unos pasos de mí hay un guardia algo aburrido. Me acerco a él:

«Perdone usted, señor agente, estoy haciendo una encuesta. ¿Me permite hacerle una pregunta? ¿Qué piensa usted cuando oye la palabra 'pecado'?»

«Pues, pienso en Flensburg, señor, en Flensburg», me contesta al instante. (Para ciclistas y lectores del extranjero debo explicar que en la ciudad de Flensburg se encuentra el registro central de infractores del código de circulación).

Mientras doy a la tecla de paro y el policía se queda mirando un grupo de jóvenes que, de regreso de una fiesta, están armando jarana, aprovecho la oportunidad y les pregunto a ellos:

«Escuchad un momento. Estoy haciendo una encuesta y quisiera saber lo que aquí entendéis por 'pecado'.»

Mientras le acerco el micrófono a uno de los jóvenes, sus compañeros ya han entonado una canción, enganchándose de los brazos y con los ojos brillantes por la cerveza:

«Todos somos pecadorcillos, siempre ha sido así, siempre ha sido así. Dios seguro que nos perdonará, siempre ha sido así, siempre ha sido así. Pues, ¿porqué hemos de ser todos angelitos estando todavía en la tierra...»

Mientras siguen así cantando a toda voz y el policía se aleja un poco, arrugando la nariz, mi interlocutor me explica: «Es una canción de Willy Milowitsch, ciudadano honorario de nuestra ciudad.»

Entretanto se ha formado un círculo de personas y unas señoras mayores corpulentas que salen de un café se meten en la encuesta. Una dice riendo mientras señala su cintura:

«¡Ah, el pecado! Acabamos de pecar ahora mismo. Tarta de fresón con nata. ¡Mil calorías de más!»

«¿Puede el amor ser pecado?», agrega un joven con una sonrisa burlona evocando con ello la canción de Hildegard Knef.

Así podríamos seguir. Y si pudiéramos preguntar aún al filósofo Friedrich Nietzsche, su aportación cínica sería probablemente esta:

«El pecado es la autoprofanación del hombre, inventada por los sacerdotes para poder reinar sobre los hombres y hacer imposible toda sublimación y nobleza.»

Y ocho de diez teólogos que preguntásemos responderían: «Pecado es una expresión que se remonta a la Edad Media. Hace siglos hubo un hombre con el nombre de Martín Lutero. Ese tuvo problemas con esto. Pecado –eso es el problema de los encogidos. ¡Eso ya no nos concierne a nosotros!»

Si para el hombre moderno la palabra «pecado» carece ya de sentido, sin duda, habrá que buscar la razón sobre todo en los creyentes.

Se han hecho tan mansos, que les da vergüenza proclamar los valores morales de Dios. ¿Quién osa hoy calificar de asesinato al aborto, de abominación delante de Dios al adulterio y de delito a la mentira?

Los cristianos ya no somos sal y luz de la tierra, sino ñoños que cubrimos con un baño de azúcar esta sociedad egoísta y falta de orientación. Muchos de los líderes espirituales de siglos pasados murieron en la hoguera, porque sabían que eran deudores de la verdad para con los hombres y tenían que llamar al pecado por su nombre.

Hoy no es raro ver como líderes cristianos son condecorados con la Cruz Federal del Mérito de manos de políticos a quienes se les pasaría su sonrisa profesional si fueran conscientes de cómo Dios juzga la corrupción, el hábito de mentir y el egoísmo.

Pero aunque el fracaso de muchos cristianos ha contribuido a que la conciencia de pecado en nuestra sociedad haya desaparecido casi totalmente, eso, sin embargo, no cambia el juicio de Dios sobre el estado moral de cada persona.

Mientras que el humanismo y los teólogos y psicólogos impregnados por éste, nos quieren hacer ver que el hombre en el fondo es bueno, siendo sólo las malas circunstancias la causa de su conducta equivocada, la Biblia dice otra cosa, inequívoca y realista.

La Biblia enseña que el hombre es culpable y enemigo de Dios, corrompido e incapaz de hacer el bien. Esto se puede comprobar leyendo en la mitad del Nuevo Testamento, en la carta a los Romanos, el versículo 3 del capítulo 5.

La Biblia incluso dice que cada persona nace pecadora y que es solamente una cuestión de tiempo y de ocasión hasta que esto se manifieste en palabras y hechos.

En nuestra familia hemos criado a siete hijos. Mi mujer y yo no les hemos enseñado ni como se miente, ni lo que es la desobediencia o la envidia, y, sin embargo, llegó el momento inquietante en el que los angelitos que parecían tan inocentes nos mintieron por primera vez y se hicieron visibles la envidia, los celos y el egoísmo.

Si consideramos la historia de la humanidad y nuestra propia experiencia, ¿no vemos que en el carácter de cada persona hay «algo que no cuaja» y que sólo la educación y el miedo al castigo mantienen al mal dentro de ciertos límites?

En 1990 el asesino Westley Allan Dodd fue condenado a pena de muerte en Washington. Él mismo pidió no morir por una inyección de veneno sino quiso que le ahorcaran. Había ordenado a sus abogados que suprimieran todo intento de salvarle.

Desde su cámara de ejecución escribió:

«Debo ser ejecutado antes de que tenga la oportunidad de huir o volver a matar. Si logro escaparme sé que volvería a matar y violar, y que disfrutaría cada minuto haciéndolo.»

Ese hombre se había reconocido como lo que era y era lo suficientemente honesto como para pronunciar el juicio sobre sí mismo.

Ante los ojos de Dios están en el banquillo de los acusados el papa, la Madre Teresa, Alberto Schweizer, Stalin, Hitler, Dodd, usted y yo, y todos estamos bajo la misma sentencia: ¡Culpable!

Con cierta razón hacemos distinción en cuanto al número y la gravedad de los pecados. Pero en lo que se refiere a nuestra calidad moral delante de Dios, todos estamos bajo la sentencia de Dios:

«Porque no hay diferencia, por cuanto todos pecaron, y están destituidos de la gloria de Dios...» (Romanos 3:23)

Mientras que nosotros somos indulgentes con los deslices morales y no damos mucha importancia al pecado –«Si todos somos pecadorcillos...»– para Dios cada uno de ellos es una catástrofe, porque nos separa de la comunión con Dios y provoca la sentencia, por cuanto Dios es santo.

El pecado no se limita sólo –como muchos piensan– a la mentira, el odio, la envidia, la implacabilidad, la falta de amor, el hurto, el adulterio etc., sino que el pecado primario es nuestra impiedad –nuestro deseo de independencia de Dios. Lo cierto es que hasta ahora ni en sueños hemos pensado en hacer aquello para lo cual hemos sido creados: Amar a Dios, estarle agradecidos y vivir en dependencia de Él.

La esencia de nuestra perdición e impiedad está muy bien expresada en una canción de Marlene Dietrich:

«No sé a quién pertenezco,
creo que sólo me pertenezco a mí misma.»

En otras palabras: Yo soy mío y por eso puedo hacer con mis apetitos y con mi vida, lo que me de la gana –¡eso, precisamente, es el pecado!

Se dice que el hombre moderno, que no se somete a ninguna autoridad y menos a Dios, está «emancipado» y es «autónomo». Y se cree ver un gran progreso en esto; pero, en realidad, esa actitud sólo acarrea una ceguera cada vez mayor y, como consecuencia, una soledad espantosa y la perdición del hombre de hoy.

Friedrich Nietzsche es un vivo ejemplo de esto: Este hijo de un pastor desechó de joven su fe en Jesucristo y al cabo de los años se hizo un burlador que en todas sus obras daba rienda suelta a su odio contra Dios, la Biblia y el cristianismo.

Calificó al cristianismo de «gran maldición, un vicio malsano... una mancha inmortal de la cristiandad» y explicó: «¡Dios murió: ahora queremos que viva el superhombre!»

Y, sin embargo, este hombre, con todo su delirio de grandeza, estaba solo y amargado. El sentimiento doloroso de su desamparo lo ha expresado en una de sus poesías que conmueve por su sinceridad:

«Se oyen los cuervos graznar
y pasan volando hacia el pueblo aquel,
no tardará mucho en nevar,
¡quien no tenga patria, pobre de él!

Estás ahí inmóvil, triste
¿cuánto tiempo mirando atrás meditabundo?
¿Por qué, necio, quisiste
antes del invierno huir al mundo?

El mundo es una puerta y salido
hallas mil desiertos mudos, fríos.
Quien perdió lo que tu has perdido
yu no hace alto en el camino.

Estás ahí pálido, sin vigor
condenado a correr el mundo en hielos

semejante a un vapor
buscando siempre más fríos cielos.

Vuela, pájaro, vuela,
chirría tu canción del desierto
esconde lo que te duela,
tenlo de hielo y escarnio cubierto.

Se oyen los cuervos graznar
y pasan volando hacia el pueblo aquel,
no tardará mucho en nevar,
¡quien no tenga patria, pobre de él!»

Después de escribir su última obra «El Anticristo», a Nietzsche, ya medio ciego, le envolvieron las tinieblas de la locura doce años, hasta el fin de su vida. Con ello su sueño del superhombre terminó trágicamente.

«¡Quien no tenga patria, pobre de él!»

Completamente diferente transcurrió la vida del conocido reformador Martín Lutero. Convencido de la existencia de Dios y profundamente consciente de su pecado, entró en un convento para hallar allí la paz con Dios por medio de ejercicios de penitencia y una vida ascética.

Pero todos los ejercicios espirituales sólo contribuyeron a hacerlo más consciente de su perdición y pecaminosidad ante Dios, de modo que en su desesperación llegó a compararse con un «maldito saco de gusanos».

Lutero, conocido por la manera tosca de expresarse que tenía, escogió esta comparación expresiva, porque estaba absolutamente convencido de la corrupción total y pecaminosidad de su vida.

No sé si usted habrá recogido alguna vez un saco podrido que durante años ha estado en una cueva húmeda. Después de haberlo hecho una vez, nunca más lo volverá a hacer sin usar unas tenazas, por lo repugnante que es un saco podrido lleno de gusanos. Se lo digo por experiencia propia.

Así se veía Lutero, y en uno de sus antiguos himnos lo expresa con agudeza, aunque para nosotros su manera de expresarse nos parezca anticuada y poco fluida.

«Prisionero del diablo yo yacía,
a la muerte estaba vendido
torturábame mi pecado noche y día,
pues en él había nacido.
Y más y más me hundía,
nada bueno en mi vida había;
el pecado me poseía.»

Este hombre no fue ningún psicópata, sino una persona que había reconocido lo que era y había echado una mirada a los abismos de su propia maldad.

En la soledad de su celda, sin embargo, entró la luz y el calor en su alma desesperada cuando empezó a leer el Nuevo Testamento. Las depresiones se transformaron en alegría, y la prisión en libertad cuando experimentó la salvación por medio de Jesucristo.

Si no tuviera consecuencias tan trágicas nos causaría risa el que hoy, casi cinco siglos después de Lutero, muchos de nuestros pedagogos, psicólogos y teólogos hayan borrado de su vocabulario la palabra 'pecado' y se esfuercen en convencernos de lo noble, benéfico y bueno que es el hombre, y que tenemos motivos suficientes para estar convencidos de nuestro propio valor. Georg Danzer, que no es pastor, sino un cantante austriaco, en cambio, dice algo muy diferente:

«El hombre es malicioso,
astuto, cobarde, canalla,
el mejor amigo te falla,
y donde vas huele a mohoso.

y al fin:

«El hombre quiere ser bueno, fiel
benéfico, noble y justo juez
llevar un ángel dentro de él;
su conciencia ninguna vez
le dio malos consejos,
pero él se ríe de ellos
y a posta hace la maldad;
mi corazón a veces se inmuta
porque sé que soy un hijo de...
y es una triste verdad.»

Este cantautor expresa, pues, con palabras igualmente fuertes, lo que Lutero y muchas personas antes y después de él han sentido, si han sido honestos consigo mismos.

Después de Auschwitz, el Archipiélago Gulag, Bosnia etc. ¿podemos seguir creyendo que el hombre en el fondo es bueno? ¿No ha desvirtuado la historia reciente todas las teorías humanistas y no confirma que la Biblia tiene razón con su diagnóstico sobre el estado del hombre?

«Sus pies se apresuran para derramar sangre; Quebranto y desventura hay en sus caminos; Y no conocieron camino de paz. No hay temor de Dios delante de sus ojos.» (Romanos 3:15-18)

Si el hombre está efectivamente corrompido por el pecado y sufriendo de una enfermedad incurable, ¿habrá un remedio, una intervención desde fuera que pueda transformar al hombre?

Si Dios existiera...

... entonces la cruz es más que bisutería.

¡Cuántas cosas se han hecho ya de la cruz!

Como bisutería colgada de una cadenita está dando mucha ganancia a las joyerías. Los valentones se la hacen tatuar en el brazo y otros la usan como talismán o mascota –igual que los que utilizan una herradura o un signo del zodíaco.

Hay otros que parecen ver en la cruz un arma secreta o un signo de conjuración para defenderse contra influencias malignas. Los futbolistas sudamericanos hacen la señal de la cruz antes del juego, después de un gol o después de un recambio, como si tal ritual influyera en su victoria o derrota.

Muchas personas, cuando oyen la palabra «cruz», la ven negra, verde, blanca, azul o roja, porque automáticamente piensan en alguna organización que, como símbolo de su trabajo de servicio al prójimo, ha elegido una cruz de color.

La mayoría de las personas, sin embargo, ven en la cruz una señal de piedad y la asocian con el bautismo, la boda, el entierro o la iglesia, la capilla o el cementerio.

Y luego hay gente a quienes les hierve la sangre cuando se evoca la cruz. La desprecian y se enfadan porque han comprendido que no es otra cosa sino una clase de horca o lugar de ejecución. No conciben que se pueda ser tan torpe y tomar como símbolo de la fe cristiana precisamente una señal de impotencia y muerte.

Moviendo la cabeza hablan de la cruz como «Síntesis sadomasoquista de la glorificación del sufrimiento» (así lo expresó Joachim Kahl en su libro *«wVom Elend des Christentums» –La miseria del cristianismo–*). Goethe, que creía en la victoria del bien y de la nobleza, tampoco veía sentido en el símbolo de una derrota. La calificó de «objeto más repugnante bajo el sol» y escribió:

«Puedo soportar muchas cosas. Con paciencia sufro la mayoría de las dificultades, como un Dios me lo impone. Sin embargo, hay unas pocas que detesto como el veneno o las serpientes. Son cuatro: el humo de tabaco, las chinches, el ajo y la cruz.»

No –aunque nos encontremos a cada paso con cruces de todas clases, con el crucificado no saben qué hacer.

Helmut Ludwig cuenta en uno de sus libros la historia de una subasta. Alguien había muerto y todos sus bienes estaban extendidos sobre las mesas del restaurante donde había de realizarse la subasta. Un buen número de personas había acudido para examinar los cubiertos, utensilios de cocina y los demás enseres de la casa, antes que el subastador comenzara la subasta.

Una vieja cruz de madera sobresalía como poco conveniente entre todos los trastos y resaltaba como algo extraño entre los demás objetos.

Pronto las ofertas se dispararon cruzando la sala de punta a punta, hasta que finalmente le tocó el turno a la vieja cruz de madera. El subastador aplicó todo su arte para realzar su valor:

«Una pieza antigua y bella, aunque no está del todo intacta, es un adorno precioso. ¿Quién ofrece?»

Se hizo un largo silencio desagradable.

«¡Venga! Pongamos un buen precio. ¿Quién la quiere por treinta duros?»

Silencio. Algunos miraban hacia el techo, otros ponían la mirada en el suelo.

«¿Nadie? ¡Señoras y señores! ¡Una pieza tan vistosa! Treinta duros no es nada. Bueno, ¿quién ofrece veinte duros?»

Ninguna reacción. Pero el subastador no se dio por vencido. Algo indignado se inclinó hacia sus dos asistentes y les dijo enojado:

«Añadamos algo, a ver, ese cubertero de ahí atrás y ... ¡venga! esa tablita para cortar el pan y ese rodillo.»

«¡Señoras y señores! Un rodillo y un cubertero de regalo para esta bonita cruz. Está algo dañada, pero ¡qué importa! Treinta duros a la una. ¿Quién quiere todo por treinta duros?»

Una mujer mayor alzó la voz: «Treinta duros» Un anciano pujó «Cuarenta» y la mujer desistió.

«¡Cuarenta duros a la una, a las dos, a las tres!»

La cruz con los regalos le fue asignada al anciano.

«¿Ven ustedes?» dijo el subastador sonriendo, y aliviado «sólo ha habido que añadir algo».

«Es sólo por los cubiertos, ¿sabe usted?, han salido muy baratos», se justificó el anciano que llevaba la cruz en la mano.

La subasta continuó. El anciano con la cruz se abrió camino hacia la salida. Casi disculpándose murmuró «¿y qué hago yo con esta cruz?»

Y una mujer algo mayor opinó: «Por ese precio ha adquirido usted los regalos a un precio muy bueno».

Cuando terminó la subasta y la gente salió de la sala, vieron en la escalera del restaurante la cruz puesta sobre una repisa.

«Nadie la quiere tener», dijo un joven de aspecto enérgico. Quizás pensó que siempre había sido así. Pero no dijo nada. Media hora después salió el subastador y vio la cruz allí sin dueño. Así que se la llevó. Quizás la subasten otra vez. Quizás. La gente sólo se lo lleva si se añade un regalo.

La cristiandad ha intentado durante siglos ofrecer la cruz y el crucificado con «regalos». Se intenta atraer a la gente con el deporte «cristiano», la música rock «cristiana», política, salchichas y cerveza «cristianas». Si llega el caso, la gente se lleva los regalos. Pero el crucificado se queda solo. Nadie le quiere. Siempre ha sido así.

Cuando Jesús nació en Belén, nadie tenía un lugar para él. Un sucio establo fue lo único que le cedieron. Pocos meses después sus padres tuvieron que salir huyendo con él a Egipto, porque los esbirros de Herodes le perseguían.

Cuando de joven predicó por primera vez en Nazaret, su ciudad natal, la gente quiso despeñarle desde un monte.

El hecho de que les había saciado con pan hizo que la multitud le siguiera por algún tiempo. Pero la euforia pronto se tornó en odio. Querían sólo el regalo, y cuando se dieron cuenta que Jesús iba más allá, que ponía de manifiesto también el hambre del alma, tomaron piedras para matarle.

No tenía hogar. Por la noche se hallaba en el monte de los Olivos donde buscaba acostarse bajo un árbol o arbusto.

Cuando un joven lleno de entusiasmo expresó el deseo de seguirle, Jesús le recordó que las zorras tenían guaridas, y las aves nidos, pero que para el Hijo de Dios no había habitación ni refugio exterior.

No leemos nada más en la Biblia acerca de este joven. Probablemente cambiara de opinión y se retirara. Los regalos, sí. Pero Jesús mismo ¡No!

Nadie le quería. Cuando los regalos dejaron de coincidir con sus ideas, hasta sus amigos le abandonaron al final de su corta vida. Uno de ellos incluso se dejó «comprar» por los enemigos de Jesús y a cambio de treinta monedas le traicionó. Y uno de sus más allegados juró que no conocía a Jesús y que no tenía nada que ver con él.

Como en algunos juegos de naipes en los que hay que deshacerse lo antes posible de cierta carta y pasarla en seguida a otro, Jesús de prisionero pasó de los judíos a los romanos y otra vez a los judíos. Nadie quería mancharse las manos. Y pronto se oyó en Jerusalén una sola demanda: «¡Quítale de en medio! ¡Crucifícale!»

Después de que Pilato, el procurador romano, hubiera dado su consentimiento, una multitud furiosa marchó hacia el Gólgota en extraña e insólita unanimidad: teólogos, artesanos, patronos y trabajadores, desempleados, viejos y jóvenes, madres e hijos, ricos y pobres. Los que de costumbre se llevaban casi siempre como el perro y el gato, ahora, en cambio, habían sido provocados a cólera por hombres que eran expertos en hacer hervir las emociones de una multitud.

No reclamaban «la guerra total», sino la eliminación inmediata de un hombre que con su amor a la verdad y su claridad les crispaba los nervios hasta tal punto que no podían aguantar ya su presencia. Ahora querían ver correr su sangre.

Además no les daba lo mismo cómo muriera. Apedrearle les parecía demasiado benévolo y ahorcarle era una muerte demasiado rápida. No, tenía que ser un espectáculo inolvidable. Debía morir lentamente atormentado y con todo el conocimiento, y todos querían estar presentes para dar rienda suelta a su odio y demostrar su desprecio. Por eso había sólo un suplicio satisfactorio: ¡A la cruz con él!

Esta clase de ejecución tan horrible, que hacía que los condenados tardaran a veces días enteros en morir sufriendo dolores atroces, no fue un invento de los romanos. Éstos habían adoptado este método de los cartagineses. Esa gente creía que la tierra era santa. Por eso los criminales ejecutados nunca debían ser enterrados en esta tierra «santa», porque la profanarían. Así inventaron un método de ejecución en el que los condenados terminaban su vida, por así decirlo, fuera de la tierra «santa», y sus cuerpos eran después entregados a los buitres o animales salvajes.

Los romanos seguramente no adoptaron esta pena de muerte por su filosofía. Simplemente creían que era práctica y que ejecutar así a los criminales servía de escarmiento a otros.

La cruz:
la respuesta del hombre al amor de Dios

El trasfondo de esta forma de ejecución deja claro lo que implicaba, básicamente, la eliminación de Jesucristo. Debía indicar que no había lugar en la tierra para este hombre que decía ser el Hijo de Dios. No, la tierra era considerada demasiado santa para él. Debía ser expulsado. Es como si hubieran querido decir: ¡Lárgate y regresa allí de donde viniste! No te queremos ni te necesitamos. ¡Déjanos en paz con tus enseñanzas extrañas! ¡Eres un perturbador en nuestra iglesia y en nuestra sociedad!¡Fuera!

De modo que no descansaron hasta que fue clavado en una cruz sobre el monte Gólgota, en medio de dos criminales crucificados, y expuesto a la burla y el escarnio de la multitud.

Hay horas estelares en la historia de la humanidad. Stefan Zweig ha descrito algunas. En su libro cuenta de acontecimientos históricos célebres que han cambiado definitivamente la historia de la humanidad.

Pero también hay horas en la historia del hombre cubiertas por tinieblas abismales. Horas que, por una parte, querríamos hacer desaparecer, pero que, por otra parte, son un documento de la maldad abismal del hombre.

Cuando los hombres clavaron en una cruz a su Creador, dejaron claro una vez para siempre hasta qué punto su justicia, religiosidad y amor a la verdad eran falsedad.

Porque Aquel a quien clavaron triunfantes en la cruz, era el Hijo de Dios –el amor personificado de Dios.

Quizás recuerde usted el versículo más conocido del Nuevo Testamento:

«Porque de tal manera amó Dios al mundo, que ha dado a su Hijo unigénito, para que todo aquel que en él cree, no se pierda, mas tenga vida eterna.» (Juan 3:16)

Teniendo esta afirmación en mente queda claro que esta cruz donde fue clavado el Hijo de Dios es la respuesta del hombre al amor de Dios –¡el puño cerrado de las criaturas contra su Creador!

El filósofo Sören Kierkegaard ha reflexionado mucho sobre la cruz. En una de sus obras dice:

«Para mí es suficiente esto: he visto traicionado al amor, y he comprendido algo sobre mí mismo, y es que yo también soy hombre y que ser hombre significa ser un hombre pecador...

La raza humana crucificó a quien era el Redentor; precisamente por pertenecer a esta raza humana siento que necesito un Redentor... Por sentir miedo de mí mismo, quiero buscar mi refugio en Él, en el crucificado. Quiero pedirle que me salve del mal y de mí mismo.»

Yo era un joven cuando comprendí lo que ocurrió en el Gólgota y desde ese momento en adelante no pude seguir viviendo como lo había hecho hasta entonces. La cruz me abrió los ojos frente a mi pecaminosidad y culpa y ya sólo deseaba dos cosas: Ser librado de la carga de mi pecado y recibir la oportunidad de responder de manera apropiada al amor incomprensible de mi Señor Jesucristo.

¿Es posible que una persona pase indiferente delante de esta cruz? ¿Puede usted?

La cruz:
la respuesta de Dios al odio de los hombres

Pero hasta ahora sólo ha quedado clara una parte de la cruz. En el Gólgota no sólo se manifestó lo mucho que los hombres odiaban a Dios, sino que la cruz es también una prueba irrefutable del amor inconcebible de Dios hacia los hombres.

Si se me permite hablar en términos humanos de Dios, diría que Dios tiene sobre todo dos cualidades: Una es su santidad y justicia absolutas. No puede tolerar ni pasar por alto el pecado. Como un fiscal insobornable tiene que pedir un castigo justo para cada pecado.

La otra gran cualidad de Dios es su amor absoluto. Su deseo es que todos los hombres entren en relación con Él y poder otorgarles su misericordia, su paz y su gozo.

Su justicia demandaba la condena de todo hombre, porque todos eran culpables –su amor buscó la salvación de todos los hombres.

¿Existía un denominador común para la justicia y el amor de Dios?

¿Cómo podía Dios hallar una base para ofrecerle al hombre rebelde su gracia sin faltar a su justicia?

Si quiere comprender la esencia del plan de salvación de Dios, intente entender el problema:

Para Dios había sólo una posibilidad justa de perdonar al hombre culpable: Un hombre inocente tenía que expiar como sustituto los pecados de los hombres culpables. La Biblia lo llama expiación.

En la historia de la humanidad no ha habido ni un solo hombre que hubiese vivido sin pecado y que, por esta razón, hubiera estado en condiciones de hacer la expiación como sustituto. Dios sólo tenía una posibilidad: Jesucristo, Su Hijo, tuvo que bajar a la dimensión de los hombres –hacerse hombre, para morir como sustituto por los hombres; expiar sus pecados, para que Dios pudiera ofrecer su gracia y su perdón a causa de esta expiación.

Pero el significado más profundo de la cruz del Gólgota sigue velado para el observador superficial: Cuando, de repente, en pleno día hubo un inesperado oscurecimiento del sol que envolvió al país en tinieblas, el odio de los hombres pasó a un segundo plano. Ninguno de entre la multitud sospechó lo que ocurría en la oscuridad.

Mientras que los romanos probablemente irían de prisa a por unas antorchas a Jerusalén, para esclarecer provisionalmente la escena, el Dios justo arregló cuentas con Jesucristo crucificado en nuestro lugar por nuestros pecados.

A sus discípulos, que a veces soñaban con un puesto de ministro en el reino de los cielos, ya meses antes Jesucristo les había aclarado inequívocamente:

«Porque el Hijo del Hombre no vino para ser servido, sino para servir, y para dar su vida en rescate por muchos.» (Marcos 10:45)

En esa oscuridad total había llegado ese momento. En tinieblas absolutas y completo abandono, Dios ajustó cuentas con Jesucristo para resolver el problema fundamental entre Dios y los hombres: el pecado. Y el Hijo de Dios, que dijo que Él era la «vida eterna», murió para saldar nuestros pecados.

No murió a consecuencia de las torturas que los hombres le habían infligido. Murió porque quiso pagar el precio de nuestro rescate. Y para ello tuvo que derramarse la sangre de un inocente. No había otra posibilidad de salvarnos.

El grito estremecedor de Jesús en la cruz: «Dios mío, Dios mío, ¿por qué me has desamparado?» permite vislumbrar un poco lo tremendo de la situación.

La gente no quería a Jesús. Le alejaron de la tierra al crucificarle: «¡Lárgate y regresa allí de donde viniste!»

Pero el cielo tampoco le recibió, de modo que Jesús permaneció colgado en el madero de la maldición entre el cielo y la tierra, como gran mediador entre un Dios justo y hombres pecadores. Allí tomó sobre sí la ira de Dios por el pecado de la humanidad, como un pararrayos que atrae hacia sí el rayo destructor para salvar así la casa y sus habitantes.

Allí en la cruz Dios, como juez justo, tuvo que castigar al único hombre inocente, porque este hombre perfecto, Jesucristo, que al mismo tiempo era Hijo de Dios, se había ofrecido como gran representante de toda la humanidad. Y cuando muriendo Jesús exclamó: «¡Consumado es!», el rescate había sido pagado y el plan de salvación divino se había cumplido.

Mientras que la multitud turbada por la oscuridad y el morir extraño de Jesús se escabulló bastante silenciosa y movida por un presentimiento indeterminado de que algo incomprensible había ocurrido allí en la cruz, la naturaleza se alborotó. La Biblia relata que las rocas en Jerusalén se partieron y que la tierra tembló. Y en el templo el valioso y pesado velo delante del lugar santísimo se rasgó de manera extraordinaria.

Seguro que ahora surgirán algunas preguntas que, después de todo, un humano no alcanzará a contestar:

¿Es acaso posible que un solo hombre pueda borrar los pecados de miles de millones de personas? ¿Cómo es eso posible en las pocas horas en la cruz?

¿Cómo es posible que Jesucristo, el Hijo de Dios, pudiera ser abandonado por Dios?

Se cuenta de Juan Sebastián Bach que estando componiendo la Pasión Según San Mateo, habiendo llegado a este momento de la historia de la crucifixión exclamó profundamente conmovido: «Dios abandonado por Dios - ¿quién podrá comprenderlo jamás?»

Estoy lleno de admiración ante este milagro incomprensible.

Quizá un ejemplo verídico de la historia reciente nos ayude a comprender lo que es sustitución.

Auschwitz, 1941. Veinte mil prisioneros, en su mayoría polacos, viven en este campo de concentración atroz. Entre ellos el Padre Maximilián Kolbe.

Una noche, un prisionero logra escaparse del bloque 14 de inválidos. El comandante Fritsch envía inmediatamente soldados para prender al fugitivo.

Al pasar revista por la tarde declara: «¡Si no le hemos prendido hasta mañana, diez de vosotros irán al calabozo del hambre!»

A la mañana siguiente los prisioneros tienen que formar filas a las cinco de la mañana, para la revista y permanecer después 11 horas expuestos al sol abrasador. A las 18 horas aproximadamente aparece el comandante, pasa revista a las filas sin decir una palabra y se escogen las diez víctimas. El décimo es Franciszek Gajowniczek. Una gran brecha en su cabeza y una boca completamente desdentada dan testimonio de que diariamente lo azotan. Cansado y apático sale de la fila, avanza y de repente se da con los puños en el pecho y exclama: «¡Mi pobre mujer! ¡Mis pobres hijos!»

Mientras que los demás camaradas observan mudos la escena estremecedora, un prisionero enflaquecido se presenta delante del comandante.

«¿Qué quiere este cerdo polaco?» grita el comandante Fritsch.

«¡Tomadme a mí en su lugar!», suplica el camarada señalando al padre de familia desesperado.

De un empujón hacen volver a Franciszek Gajowniczek a su bloque y en su lugar arrastran al Padre Kolbe al calabozo del hambre.

Cuando después de varios días de sufrir hambre no ha muerto aún, le ponen una inyección de fenol terminando así con su vida. El 14 de agosto de 1941 muere Maximilián Kolbe a la edad de 47 años, para que su camarada Franciszek Gajowniczek condenado a muerte pudiera vivir. ¡Eso es sustitución!

Como comparación, esta historia, naturalmente, cojea. Dios no es un comandante cruel y sin escrúpulos que reclama la muerte de hombres inocentes. Y, por otra parte, el Padre Kolbe, a pesar de su sacrificio desinteresado, era un hombre que sabía que era pecador. Pero su substitución voluntaria nos recuerda lo que hizo Jesucristo, su gran ejemplo, claro esta, en dimensiones completamente distintas.

En el Gólgota, el Hijo de Dios se puso delante de la humanidad protegiéndola para recibir él la justa sentencia de muerte de Dios, ofreciendo su vida para aquellos que le odiaban y querían deshacerse de él.

Tan elevado era el precio de nuestra salvación.

Tan absurdo es el hecho de que se vendan cruces de plata y oro como bisutería, por estar tan sumamente lejos de su sentido verdadero.

Si Dios existiera...

... entonces, la "gracia" no es como un artículo de rebaja que ofrece la iglesia

Mientras escribo estas líneas es el tiempo de las grandes rebajas por fin de temporada. Los periódicos explicaban que por haber sido tan templado el invierno, habían quedado en los almacenes montones de productos textiles sin vender y que por eso estaban rebajados hasta un 85 por ciento.

Parece ocurrir algo similar con la gracia de Dios. ¿Para qué vale? No hay demanda.

De acuerdo, en siglos pasados muchas personas tenían un sentimiento de culpabilidad anormal, inculcado por una educación equivocada. Valgan como ejemplos Martín Lutero o Juan Newton, que escribió el himno «Gracia admirable». El sentimiento de culpabilidad de este último se puede comprender hasta cierto punto. Newton había estado involucrado en la trata de negros, había causado la muerte de muchas personas y como un animal se había revolcado en el fango de los pecados morales. De modo que es comprensible que cuanto más mayor se hiciera tuviera remordimientos y gimiera pidiendo misericordia.

Así, por lo menos, nos lo han explicado nuestros psicólogos, y puesto que lo han estudiado, tendrán razón ¿no?.

Lo que necesitamos es un coche nuevo, un puesto de trabajo, una vivienda. En el peor de los casos un juez clemente, si tenemos antecedentes penales. Pero ¿gracia?

No, para la gracia de Dios no hay hueco en el mercado. «No necesitamos un Dios clemente, sino que lo sea nuestro prójimo», han declarado ciertos teólogos durante algún tiempo.

Ernst Klassen, este predicador tan original, relató una vez lo que le ocurrió cuando estaba comprando en un supermercado. Mientras empujaba su carrito por los pasillos, vio a una señora que hacía promoción para una nueva sopa ofreciéndole a cada cliente una prueba. A pesar de sus palabras amables casi todos pasaban de largo. Finalmente, el predicador que lo había observado por algún tiempo, se acercó a ella y le dijo: «Usted tiene el mismo problema que yo –ofrece un regalo y nadie lo acepta, todos pasan de largo. Yo quiero probar su sopa.»

Y entonces le contó a esta asombrada señora, lo que él tenía para ofrecer en Jesucristo.

Cuando cuento esta historia en Rusia, los oyentes me miran incrédulos. ¿Cómo es posible que se ofrezcan alimentos gratuitos y que nadie los tome?

Algunos entienden por gracia una forma de acción benéfica que no le cuesta nada al dador, pero despierta la apariencia de generosidad.

Cuando yo era un niño de unos 10 o 12 años, había aún en mi ciudad natal bandas callejeras. Los chicos de las distintas calles vivían en un estado de guerra constante y uno no se atrevía a pisar a solas el territorio «enemigo».

Los combates callejeros consistían principalmente en peleas verbales, aunque siempre nos esforzábamos en presentarnos como furiosos y decididos a todo, y procurábamos ir armados hasta los dientes de palos, tiradores y explosivos que arrojaban mal olor.

Pero una vez, los «enemigos» de la calle Romanos lograron pillarme cuando venía solo de jugar al fútbol. A pesar de que quería pasar delante de ellos silbando e indiferente, aunque se me habían caído las alas, el jefe enemigo vino hacia mí, me empujó contra un árbol, me agarró del cuello y refunfuñó: «Bühne, ¡di piedad, di piedad!» Sin tener otra salida, al cabo de algún tiempo murmuré a regañadientes «piedad», a lo que mi enemigo, con altanería y la cabeza bien erguida, me soltó. Así puede ser la clemencia de los hombres.

Pero la gracia de Dios es completamente diferente. Es tan cara, que su Hijo Jesucristo tuvo que morir cruelmente, para que Dios pudiera ofrecer misericordia a los hombres, que hubieran merecido todo lo contrario.

Únicamente cuando he reconocido el juicio de Dios sobre mi vida, que mis mejores actos están impregnados de pecado y que mis supuestas buenas obras están motivadas por mi egoísmo, únicamente cuando ha quedado de manifiesto que todo lo que pongo en la balanza para ofrecerle algo a Dios, resulta demasiado ligero –entonces soy consciente de la necesidad de la gracia de Dios.

Sólo el que acepta como justa la sentencia de muerte puede presentar una solicitud de gracia.

Uno de los mayores predicadores del siglo pasado, C. H. Spurgeon, lo ha expresado así:

«El que ha estado delante de Dios –declarado culpable y condenado, con la soga en el cuello– ese llorará de alegría al recibir el perdón; odiará lo malo que le fue perdonado, y vivirá para la honra de su Salvador por cuya sangre fue limpiado.»

Después de la guerra, en el año 1948, sucedió en Corea una historia asombrosa, que después fue notoria en el mundo entero.

Era un período entonces de gran inestabilidad política. El pastor Son vivía con su familia en la ciudad de Soon-chun, que en otoño de 1948 fue conquistada y controlada durante algunos días por los partisanos comunistas. Varios policías y hombres influyentes fueron fusilados directamente.

El odio de los comunistas a los cristianos era tan grande que finalmente ejecutaron a los dos hijos del pastor Son que profesaban claramente su fe en Cristo Jesús. Primero le vendaron los ojos al hijo mayor, Mateo, y cuando su hermano menor pidió morir en su lugar, también le fusilaron a él. «¡Matadle! ¡Es aún mucho peor que su hermano!» había gritado el líder estudiantil comunista.

Pero el alzamiento duró a penas una semana. Soldados del gobierno fueron enviados a Soon-chun y se cambiaron las tornas. Ahora perseguían y arrestaban a los que habían participado en el levantamiento. Entre ellos había un joven que había estado involucrado en el fusilamiento de los dos jóvenes creyentes. Sin demora debía pagar con su vida por ello.

El pastor Son oyó de la sentencia pronunciada contra el asesino de sus hijos.

¿Qué reacción esperaríamos en tal situación del padre de los asesinados?

Si él mismo hubiera matado al asesino, eso hubiese sido una expresión de venganza. En cierto modo se hubiese comprendido tal reacción.

La ejecución por los soldados del gobierno hubiese sido un acto de justicia. «Ojo por ojo, diente por diente...». Nuestra noción de justicia lo espera así.

Otra posibilidad que uno se puede imaginar en este caso, es que el padre hubiese intercedido en favor de transformar la pena de muerte en una sentencia de cadena perpetua. Eso hubiese sido nobleza de espíritu.

Pero el pastor Son reaccionó de manera completamente diferente. Mandó a su hija Raquel de 13 años y le ordenó ir lo más rápido posible al lugar de ejecución para pronunciar allí una petición. Raquel corrió todo lo que pudo y le transmitió al oficial del pelotón un mensaje que conmovió a todos los presentes:

«Mi padre pide que no se quite la vida ni se pegue a la persona que ha matado a mis hermanos...», al pronunciar estas últimas palabras su voz temblaba. No pudo seguir hablando, porque se le agolparon las lágrimas. La otra petición del pastor era poder adoptar al asesino de sus hijos.

Le fue concedida su petición y el asesino Chai-sun fue adoptado por el padre de aquellos que había asesinado, y recibido en su familia.

Una historia difícil de creer, pero que ha ocurrido de verdad, y que trastorna todo nuestro sentimiento de justicia.

¡Eso fue gracia! No fue ningún artículo barato de rebaja, ninguna baratija. Fue un regalo a un asesino que hubiese merecido lo contrario.

Esta oportunidad increíble es precisamente la que Dios ofrece a cada persona. Todos, consciente o inconscientemente, hemos participado en la muerte de su hijo Jesucristo. En el Gólgota lo ejecutaron por nuestros pecados. Y ahora Dios nos quiere adoptar, recibirnos en su familia y hacernos sus herederos. ¡Esa es la gracia inconcebible de Dios!

Bob Dylan ha descrito de manera muy expresiva en una de sus canciones como él experimentó la gracia de Dios:

Salvo

El diablo me tenía cegado,
arruinado, nada más nacer,
frío, muerto y bien muerto estaba,
cuando salí del seno de mi madre.
Pero me tocó Su gracia,
Su palabra me sanó,

me libró Su mano
y su Espíritu me selló.
¡Y soy salvo,
salvo por la sangre del Cordero!
Y soy feliz, tan feliz
que no puedo sino darte las gracias, Señor.

Nadie vino a salvarme,
nadie se atrevió.
Por poco me hundo para siempre,
pero por Su misericordia
quedé exento,
no por obras,
sino por fe en Aquel
que me llamó.
Tanto tiempo me han estorbado,
tanto tiempo me han frenado,
pero ¡soy salvo,
salvo por la sangre del Cordero!
Y soy feliz, tan feliz
que no puedo sino darte las gracias, Señor.

Barrabás

Terminando con este tema, me gustaría contarles la historia de un terrorista. Su historia la menciona la Biblia en pocas palabras y yo quiero intentar contarla actualizada desde la perspectiva de hoy.

No hay nada que contar sobre su niñez y juventud. Es de suponer que relativamente temprano conoció a grupos extremistas de derechas que marcaron su vida posterior.

El caso es que pronto se asoció con los zelotes, un tipo de nacionalistas, que se habían conjurado para echar del país a los ocupantes enemigos, los romanos.

Tenía un odio desenfrenado contra esos extranjeros y contra todos los políticos judíos y líderes religiosos que pactaban con los romanos.

Para financiar su lucha de resistencia no vacilaba en robar y atracar, y sabía muy bien, en tiempo oportuno, incitar a la rebelión a los judíos impetuosos; esta, sin embargo, terminaba casi siempre en un baño de sangre provocado por los romanos.

Así se hizo notorio su nombre en Israel; temido por unos y admirado en secreto por otros.

Puesto que tenía la vida en un hilo –él sabía que tarde o temprano le arrestarían y ajusticiarían– no valoraba mucho su vida ni la de sus prójimos.

No vacilaba en tomar rehenes y matar, si el lo creía conveniente.

Su vida, pues, había dejado una estela de violencia y odio.

Si fue por traición o por ser sorprendido en alguna acción, no lo se, pero llegó el día X en que le prendieron. Y poco tiempo después le metieron en la celda oscura y maloliente de una cárcel.

Poco después le procesaron. No había mucho que negar, la cosa estaba clara, y no existía entonces la posibilidad de obtener alguna ventaja por denunciar algún cómplice suyo.

Su ejecución era segura; los romanos no se andaban con chiquitas en cuanto a los «terroristas».

Y para que escarmentaran los muchos judíos venidos de lejos a Jerusalén con motivo de la fiesta de la Pascua, habían fijado el día de la ejecución para el viernes santo. ¡Crucifixión!

Puede que, exteriormente, Barrabás hubiera querido aparentar ser impasible, sobre todo cuando le veían los romanos. Pero por las noches, probablemente, le asaltaría el terror, y un gran miedo al pensar en la crucifixión inminente.

Las malas condiciones de la prisión le alteraban los nervios y las horas pasaban inevitablemente. El día de su ejecución se iba acercando.

Los pensamientos se agolpaban en su cabeza y retrocedían al pasado, a su niñez, reflejaban sucesos, y se hacían cada vez más irresistibles y amargos.

Surgían preguntas, dudas y autoreproches: «¡Ah, si se pudiera volver a empezar otra vez!»

«¡Maldito el día en que nací! ¡O, si al menos, se pudiera anular el día en que se cambiaron mal las vías de mi vida!»

¿Era demasiado tarde para el arrepentimiento? ¿Estaba todo perdido?

No podía descargar en nada su rabia de estar en la cárcel.

Así, se reservaba todas sus agresiones para los pocos encuentros que tenía con los soldados romanos insensibles.

Y luego llegó la horrible última noche. Posiblemente les gritara a los carceleros cuando le preguntaron qué quería para la última comida. Les diría que esa maldita bazofia se la comieran ellos y que ojalá se atragantaran con ella. Aunque, en el fondo, le hubiese gustado comer por última vez su plato favorito.

Barrabás hubiera querido gritar de rabia, de autocompasión y de desesperación. ¡Qué corta era la vida! ¡Qué absurda!

Imposible impedir los recuerdos del pasado y poner orden al caos en su cabeza. ¡Qué tentador era pensar en suicidarse!

¿Qué le quedaba cuando amanecía y se acercaba la hora de su ejecución? ¿Apatía, indiferencia total, vacío, desesperación, rebelión? Su suerte estaba decidida, su vida concluida –¿todo se acabó?

Entonces, de repente, el silencio matinal se interrumpió y se oyeron voces gritando a lo lejos.

Oyó claramente que dicen «¡Barrabás!» y luego las palabras «¡Crucifícale, crucifícale!»

¿Así le agradecía su patria lo que había hecho? ¿Habían acabado por aceptar el yugo odiado que los romanos les imponían? Le invadió la amargura cuando pensó cómo había expuesto su vida para librar a Israel.

El alboroto aumentó –había tensión en el aire– ¿vendrían sus compatriotas a pedir su muerte?

Empezó a haber movimiento en la cárcel. El típico retiñir de las llaves y el eco abominable de los pasos del carcelero: ¡Clac, clac, clac...! le volvieron a la cruda realidad de su celda. Los pasos se acercaban y él sabía que había llegado su hora.

Y entonces se abrió su puerta y le comunicaron la noticia increíble: «Crucificarán a otro en tu lugar –Jesús de Nazaret. ¡Eres libre!»

No podía ser. ¿Estaba soñando? ¿Estaba ya tan loco en su cabeza que padecía alucinaciones?

Hasta que no le quitaron las cadenas y le devolvieron su viejo traje de combate, no asimiló lo que estaba ocurriendo. Y cuando, para remate, llegó el director para despedirlo personalmente y darle unos cuantos denarios «por haber trabajado en la cárcel» y le entregó los papeles que atestiguaban su puesta en libertad, supo que había ocurrido un milagro: ¡Era libre!

«¡Crucificarán a otro en tu lugar!», esas palabras no se le iban de su cabeza –una y otra vez. Como aturdido por su suerte inconcebible y aún algo confuso sin darse cuenta entró en el tumulto que llenaba las calles de Jerusalén.

En sus papeles de puesta en libertad ponía: «Perdonada la pena». Era libre, pero ¿quién era el otro que ahora ataban en su lugar? ¿Quién es, en realidad, ese Jesús de Nazaret?

Como de costumbre, sus pies le llevaron al lugar de encuentro acostumbrado. Él esperaba caras asombradas y llenas de sorpresa, pero no había nadie allí. Además, todo estaba ahora, de repente, tan extrañamente sereno en las calles de Jerusalén.

¿Estaría soñando?

El alboroto de la gente se había trasladado dirección al Gólgota y, de repente, Barrabás se percató de lo que estaba ocurriendo:

Gólgota –la pesadilla de todos los condenados. Allí se llevaban a cabo las ejecuciones. Siempre que se efectuaban, acudía medio Jerusalén para ver el espectáculo y salir un poco de la monotonía. Así que esa era la razón por la que no había nadie ahí.

Barrabás decidió ir allí por caminos clandestinos. No quería que nadie le viera, quien sabe, lo que se les podía ocurrir a los romanos si le veían. Pero las palabras «¡Crucificarán a otro en tu lugar! –Jesús de Nazaret», no se le iban de la cabeza.

Jesús de Nazaret –¿quién era ese hombre? ¿Era un criminal, que había cometido más fechorías aún que él? Le costaba creerlo, porque él se conocía bien en ese terreno.

Con precaución se acercó despacio y se asombró de la gran multitud que se había reunido allí. Oyó los martillazos que le llegaron hasta el alma. Pero, era extraño, no oyó ningún grito del atormentado.

Entonces vio como entre dos cruces levantaron una tercera. Se restregó los ojos, para verlo mejor, porque no daba fe a sus oídos, cuando oyó decir a este hombre en la cruz del medio: «Padre, perdónalos, porque no saben lo que hacen.»

Barrabás no pestañeaba. El que estaba colgado de esa cruz, ¡era su sustituto! Él mismo, Barrabás, debía estar ahora allí crucificado. Y ahora moría allí alguien, rodeado de una multitud burlona, que, evidentemente, había hecho de este hombre el blanco de su odio.

Vio como los escribas olvidaban toda su dignidad y se inclinaban burlándose delante de él, a quien habían puesto una horrible y dolorosa corona de espinas en la cabeza y cuya cara estaba ensangrentada y llena de heridas.

«A otros salvó, y a sí mismo no se puede salvar», gritaban algunos de entre la multitud. «Si tu eres el rey de Israel, entonces desciende ahora de la cruz, y creeremos en ti», decían otros.

«Sálvate a ti mismo y a nosotros», gritó uno de los que estaban colgados con él. Barrabás le conocía de los encuentros secretos en tiempos pasados. Así que a él también le habían pillado. Ahora tenía que diñarla. A pesar de eso movilizaba sus últimas reservas de fuerzas para injuriar al hombre del centro. ¿Por qué razón?

Barrabás no aguantó más. Cuando pasó por allí una mujer que no parecía sospechosa, corrió detrás de ella y le preguntó por ese Jesús de Nazaret.

«Pero bueno, ¿vives en la luna o has estado en chirona, para que no te hayas enterado de que este es al que han crucificado en lugar de Barrabás?», le contestó en un tono burlón.

Ahora comprendió todo. El grito «¡Barrabás! que oyó por la mañana en la cárcel, fue para pedir que le pusieran a él en libertad y para este Jesús significó la ejecución. ¡Él muere en mi lugar!

Asombrado y extrañado observó como el otro crucificado se quedó pensativo y le dirigió unas palabras al otro criminal. Después oyó como le decía:

«Nosotros, a la verdad, recibimos lo que merecieron nuestros hechos; pero éste», y miró casi con reverencia al hombre del centro, «ningún mal hizo.»

Y entonces se dirigió directamente al hombre del centro: «Acuérdate de mí cuando vengas en tu reino.»

«De cierto te digo que hoy estarás conmigo en el paraíso», esa fue la respuesta asombrosa que el hombre en el centro le dio.

A Barrabás le temblaban las rodillas. Todo eso era demasiado a la vez. No podía comprender todo lo que estaba ocurriendo allí, pero una cosa sabía: Ahí moría uno que era inocente, en mi lugar y habiendo yo merecido esa muerte. ¡Moría por mí!

Se tiró al suelo y lloró como tantas veces lo había hecho en estos últimos días. Pero esta vez no de rabia o desesperación, sino por emoción y agradecimiento hacia aquel que era ejecutado en su lugar...

Así aproximadamente me imagino que serían las impresiones de Barrabás. Quizá haya actuado de otra manera totalmente diferente. Posiblemente se haya reído con desprecio del hombre en el centro, que se comportaba de una manera tan distinta a la suya, que no se rebelaba o protestaba. La Biblia no nos dice nada de lo que ha sido de la vida de Barrabás.

Pero, en el fondo, la historia del asesino Barrabás es la historia de muchos que se han encontrado con Jesús.

En mi vida también hubo un día en el que estuve ante esa cruz. En ese momento me di cuenta lo despreciable que tenía que ser mi vida ante los ojos de Dios, ¡y el amor que tenía que tener el hombre de entre las dos cruces, para morir por un tipo tan embustero, corrompido e impío como era yo!

Entonces entendí lo que significa ser perdonado. Eso cambió mi vida.

Nunca olvidaré la campaña en una cárcel en Geldern que llevamos a cabo junto con una organización de ayuda a los presos. También participó Jan Vering, un cantante de espirituales religiosos, acompañado por el guitarrista Werner Hucks.

La última tarde yo había hablado sobre la cruz y la gracia de Dios. Los presos habían participado con atención y, de alguna manera, estábamos todos impresionados por esa cruz del Gólgota y la gracia inconcebible de Dios.

Entonces, de repente, se levantó Jan Vering e interrumpió el silencio con una canción, y a más de uno de nosotros se nos llenaron los ojos de lágrimas:

Gracia para el fuerte
que tiene el poder en sus manos,
y gracia para el débil
que es su víctima,
gracia para el necio
que ama el dinero por encima de todo,
gracia para el mundo.

Gracia para el burlador
que se ríe de todo,
y para el resignado
al que nada hace ya de reír,
gracia para el moribundo
que muere sin una fe que le sostenga,
gracia para el mundo.

Gracia para el muchacho
que muere como un perro en su uniforme,
y para aquel que a ese niño
metió en el traje militar,
gracia para el ayatolá
que cree que la guerra es santa,
gracia para el mundo.

Y gracia para mí mismo
que sé todo esto.
O, Señor, haz que mis manos actúen,
inflama mi corazón,
hazme vivir tu gracia
que me sostiene cerca de ti,
vivir la gracia en medio de este mundo.

En la capilla de esa prisión todos nos vimos como estando reunidos debajo de esa cruz del Gólgota: fuertes, débiles, codiciosos, burladores, resignados, moribundos, seducidos, seductores e hipócritas. Y para todos nosotros estaba vigente la oferta de la gracia de Dios.

No es una gracia barata, o un artículo de liquidación de escasa calidad, sino que es de valor infinito, comprada con los sufrimientos y la muerte del Hijo de Dios.

Si Dios existiera...

...entonces decir que la religión es el "opio del pueblo" es un trágico error.

¿Quién no conoce la tan célebre frase de Karl Marx?: «La religión es el anhelo de la criatura oprimida, el sentimiento de un mundo sin corazón, el espíritu de situaciones en las que está ausente el espíritu. Es el opio del pueblo... La religión es sólo el sol ilusorio que gira alrededor del hombre, mientras éste no gire alrededor de sí mismo.»

Marx compara la religión o la fe a una droga que se toma para huir de los problemas presentes a un mundo irreal. Define la religión como una forma de autoengaño.

Lenin lo expresó más claro todavía: «La religión es el opio del pueblo. Es como un aguardiente espiritual de mala calidad, con el que los esclavos del capital se embriagan para no ver más su rostro humano y sus exigencias de una vida más o menos digna de un ser humano».

Como una madre que da un «chupete» a su bebé que está llorando, para tranquilizarle, haciéndole creer que se ha saciado, califican la fe como una invención del hombre con la que él mismo se entrega a una ilusión engañando también a otros.

Es extraño, sin embargo, que después de 70 años de dictadura comunista, reine en los países del Este el caos económico, social, ecológico y moral; Y que, precisamente, allí la Biblia sea el libro más solicitado en los últimos años y el interés en las cosas de Dios y el cristianismo sea tan grande.

Nunca olvidaré como hace algunos años entré a la estación de trenes de Kiev y vi por encima de la ancha escalera que llevaba a los andenes una enorme estatua de Lenin, cosa corriente en las estaciones centrales de la antigua Unión Soviética. Esa figura, con el brazo derecho señalaba hacia la salida. Eso, seguramente, quería indicar que Lenin y sus doctrinas ofrecían la respuesta a todas las preguntas y problemas.

Mientras estaba mirando asombrado ese enorme Lenin y reflexionando sobre su mano extendida, vi, de repente, sobre la escalera al pie de esa figura, a una joven que había dejado su maleta en el suelo y que sin sentir vergüenza alguna abrió una Biblia editada para niños y empezó a leer en ella con interés.

Esta mujer fue para mí un símbolo de muchas personas en ese gran país, que después de años del chupete «comunismo» sienten que tienen un alma que tiene sed de Dios.

El psicoanalista Siegmund Freud definió la religión o la fe de manera semejante a Marx y Lenin:

«La religión es la tentativa de dominar el mundo de los sentidos en el que vivimos, por medio de un mundo deseado que hemos desarrollado en nosotros mismos a consecuencia de necesidades biológicas y psicológicas.»

Así que para Freud la fe también era un «chupete» que el hombre ha inventado para huir a un mundo ideal que no existe en la realidad.

¿Es la fe una fuerza imaginativa?

Hoy en día, incluso entre cristianos, está muy extendida la idea de que la fe es algo como una «fuerza espiritual» que hay que desarrollar dentro de uno mismo. Se habla del poder del «pensamiento positivo», de «visualización», y se dice que basta con imaginarse las cosas de manera intensa y prolongada para que se hagan realidad. Según ellos, sólo hay que creer en uno mismo y activar las fuerzas espirituales dormidas.

De hecho, esta idea equivocada ha influido el pensamiento de muchas personas, también creyentes: La fe sería un sentimiento o una capacidad que desarrollamos por medio de la imaginación intensa y el ejercicio espiritual.

Algunos incluso intentan con tenacidad «producir» la fe a base de repetir constantemente confesiones de fe u oraciones, como si fueran un mantra.

¿Es la fe una vaga suposición?

Para la mayoría de nuestros contemporáneos, la palabra «creer» es expresión de una esperanza incierta o expectativa. «Creo que hará buen tiempo el fin de semana.»

Los políticos creen que han tocado fondo en cuanto a la crisis económica y que ahora la cosa irá a mejor. Los humanistas creen poder solucionar los problemas políticos mundiales de hoy por medio de la razón.

¿Es la fe algo que se espera, pero que no se sabe a ciencia cierta?

¿Comienza la fe donde termina la razón?

Esta es seguramente una de las ideas más descabelladas que se puede tener de la fe bíblica, porque sin la razón es imposible creer. Si al entrar en una iglesia leyéramos: «Se ruega entregar la razón en el guardarropas», ¿no tendríamos que esperar caer en manos de charlatanes o ser sometidos a un lavado de cerebro?

Pero cuando se trata de religiosidad, en efecto, en nuestro siglo tan ilustrado, hay muchas personas dispuestas a desconectar su razón. Si se exigiera eso durante la conclusión de un negocio o la compra de un coche, estaría claro que pensaríamos que hay gato encerrado. Pero tratándose de la fe parece ser algo diferente.

Recuerdo a un buen conocido mío que en su búsqueda de la verdad se fue por un tiempo a Poona, en India, para conocer allí el Bhagvan y ser iluminado. Vio allí como el maestro celebraba sus oráculos mientras unos 500 oyentes permanecían en silencio absoluto sentados en una escalera de mármol abriéndose a las enseñanzas e inspiraciones de este hombre. En la entrada una placa decía: «Shoes and mind to be left outside the gate!» (Se ruega dejar fuera los zapatos y la mente).

Puedo asegurarle a usted que no hay tal instrucción en la Biblia. Todo lo contrario, en ella se nos insta a escuchar, entender, probar y reflexionar. La fe cristiana presupone determinados conocimientos. Por eso no es correcto hablar de una fe «ciega». Pablo, el gran apóstol, dijo: «Yo sé en quien he creído...» Así que la fe tiene que ver con la confianza en una persona.

En 1989, unos meses antes de la caída del muro en Berlín, volé por primera vez a la antigua Unión Soviética. Tuvimos que hacer trasbordo en Berlín, soportar los controles habituales y entrar luego en un avión de la Aeroflot, la compañía aérea nacional rusa.

Quién haya volado sólo con la Lufthansa, no podrá imaginarse el choque cultural que se siente cuando se está en un avión de esa categoría.

En primer lugar, era evidente que ese avión ruso llevaba en funcionamiento durante varias décadas. Luego, en el interior, la gente se apretujaba por el pasillo y las estrechas filas de asientos, cargada de toda clase de utensilios, ordenadores, aparatos eléctricos etc. El personal de a bordo, refunfuñando intentaba poner orden al caos. Finalmente, apretado como sardina en lata, me hallé sentado entre personas que parloteaban en alta voz y cuyo idioma no entendía, dándome cuenta que no había normas de seguridad y que el avión, probablemente, estaba totalmente sobrecargado. Las ruedas también estaban desgastadas al máximo y los motores hacían ruidos bastante sospechosos.

Pero entonces entró el piloto al avión, acompañado de dos oficiales, y la impresión que me dieron fue buena, me parecieron ser responsables, serios y sin ánimos de hacer de kamikaces. Así que me encomendé en sus manos un poco tranquilizado.

Pero ahora imagínese esta escena: El piloto entra al avión tambaleándose, con la nariz colorada y los ojos brillantes. Llevando en una mano un gorro de piel y meneando con la otra una botella de vodka, saluda a los pasajeros con las siguientes palabras: «Dobroje utro! Amigos, os aseguro que hoy tendremos un vuelo muy divertido de Berlín a Kiev, y os garantizo a todos –hic– jarana a bordo.»

¿Qué hubiera hecho yo en este caso? ¿Hubiese cerrado los ojos y murmurado a mi vecino: «La fe comienza donde termina la razón»? ¿Cree usted que hubiera confiado mi vida a un borracho?

No, hubiese abandonado ese inseguro vehículo como un relámpago y hubiese elegido antes la tierra de Berlín del Este que el aire soviético.

Desde luego, ¡la fe implica la razón!

«Creo en Dios Padre Todopoderoso, Creador del cielo y de la tierra.»

Con estas palabras u otras parecidas, millones de personas de todas las razas dan testimonio de su fe cristiana cada domingo. ¿Significa eso automáticamente que son creyentes?

Muchos de ellos recitarán el credo de los apóstoles distraídos y maquinalmente. Profesan de memoria algo que interiormente no existe.

Pero habrá seguramente muchos que profesen estas palabras, profundamente convencidos y conscientes. ¿Es esto la fe bíblica?

Aunque creer que ciertos hechos son verdad es un requisito importante para la fe, eso, sin embargo, no es aún la fe misma.

Muchos creen en la existencia de Dios como creen que Bill Clinton es el Presidente de los Estados Unidos. Pero esa convicción no tiene ningún efecto sobre su vida.

Valga un ejemplo para mostrar lo que quiero decir:

A veces tengo problemas de ardor de estómago o demasiado ácido gástrico.

Entonces voy al farmacéutico y le cuento mis penas al buen hombre. El farmacéutico abre un cajón, saca una caja y me recomienda un determinado medicamento. Me explica cuantas pastillas debo tomar y a qué horas. Convencido por los argumentos del especialista compro las pastillas y salgo de la farmacia con la seguridad de que esa medicina me ayudará. Mi confesión es esta: Creo que estas pastillas ayudan contra el ardor de estómago. El prospecto dice: «Antiácido. Indicaciones: Tratamiento de hiperclorhidria sin dañar la membrana mucosa.»

¿Bastaría mi convicción para eliminar mis dolores? ¡Claro que no!

Supongamos que yo mismo fuera un experto, que supiera explicar la composición y modo de actuar del trisilicato de magnesio y pudiera dar conferencias sobre el mismo, ¿desaparecerían por ello mis indisposiciones del estómago? Con toda seguridad que no.

Usted mismo sabe lo que hay que hacer: Confiando en que el farmacéutico es experto en la materia y con la esperanza de que la firma productora no haya metido cianuro en lugar de la composición de magnesio, tengo que tomar estas pastillas y dejar que se deshagan en la boca, para comprobar poco después una mejoría.

Al principio, pues, tengo que buscar la información, pero lo principal es después asimilar y aplicar en la práctica esos conocimientos; de lo contrario no podré tener la ayuda que necesito.

Ocurre lo mismo con la fe bíblica. El diagnóstico correcto de mi estado y la determinación exacta del único remedio no me ayudarán si no tomo ese remedio. Saber que necesito el perdón de mis pecados y que Dios ha cumplido las condiciones necesarias para el perdón por medio de la muerte sustitutoria de su Hijo Jesucristo no es suficiente, sino que tiene que haber un momento en mi vida en el que confíe en Dios, que me acoja a su palabra, acepte agradecido y me apropie su gran remedio.

La fe bíblica implica que acepte el diagnóstico y el remedio de Dios, que esté convencido de que él es y dice la verdad y que confíe plenamente que él cumple su promesa:

«El que oye mi palabra, y cree al que me envió, tiene vida eterna; y no vendrá a condenación, mas ha pasado de muerte a vida.» (Juan 5:24)

Agustín, el conocido padre de la iglesia, Martín Lutero, el reformador, y muchos otros personajes conocidos y menos conocidos han arraigado su fe en los versículos importantes de Romanos 3:23-26:

«Por cuanto todos pecaron, y están destituidos de la gloria de Dios, siendo justificados gratuitamente por su gracia, mediante la redención que es en Cristo Jesús, a quien Dios puso como propiciación por medio de la fe en su sangre, para manifestar su justicia, ... con la mira de manifestar en este tiempo su justicia, a fin de que él sea el justo, y el que justifica al que es de la fe de Jesús.»

Hace algunos años, mis hijos Miguel, Daniel, Juan y yo pasamos una semana de vacaciones en Frisia oriental. Nuestros amigos nos habían recomendado hacer una excursión a pie por las marismas. Habíamos proyectado ir de Nessmersiel en barco a la isla de Baltrum y volver andando para conocer dichas marismas. La hoja informativa de nuestro guía aconsejaba llevar «ropa ligera, protección contra el sol y buenos zapatos».

Bueno, hubiese sido mejor llevarnos botas, un impermeable y el paraguas, porque cuando comenzamos nuestra caminata en Baltrum, empezó a lloviznar. Hacía un día frío y desagradable. Encima, a los pocos minutos se levantó una niebla, de tal forma que al poco tiempo no veíamos ni la isla ni la tierra firme. Se levantó un viento violento que hizo entrar el agua en el cauce, de modo que tuvimos que vadear por el agua que en parte nos cubría hasta las caderas.

¿Quién nos podía garantizar que llegaríamos seguros a tierra firme? ¿No hubiese sido mejor, en esta situación, marchar por nuestra propia cuenta y seguir nuestro instinto, que confiar en un guía que no conocíamos?

No veíamos nada en absoluto y teníamos que tomar una decisión. Teníamos la posibilidad de confiar en nuestra suerte y nuestro sentido de orientación, o confiarnos a un hombre del que podíamos suponer que tenía experiencia y había pasado más de una vez por situaciones como esta y conocía el territorio. Naturalmente decidimos confiar nuestra vida al guía y seguirle a él, que llevaba brújula y mapa.

Unas horas más tarde, empapados y tiritando, pero agradecidos y enriquecidos por esta experiencia, pudimos pisar tierra firme.

La condición para llegar seguros a la meta fue creer a este hombre y confiar plenamente en él. Esa fue la decisión más razonable que pudimos tomar en esa situación.

En las preguntas fundamentales tan decisivas para nuestra vida, es como si estuviéramos en un denso banco de niebla, y necesitamos que se nos guíe. Podemos tomar la decisión: «Yo me las arreglo sólo, quiero disponer yo mismo mi vida - ser dueño de mí mismo.» O podemos decidirnos por seguir a Aquel que lo ve claro y ha dicho de sí mismo:

«Yo soy el camino, y la verdad, y la vida; nadie viene al Padre, sino por mí.» (Juan 14:6)

Recuerde usted al malhechor crucificado que en sus últimas horas de vida reconoció que él mismo era un pecador y que ese Jesús el Nazareno, tan escarnecido, era el rey que tenía el futuro en sus manos. Muriendo se confió a él y obtuvo la promesa: «¡Hoy estarás conmigo en el paraíso!»

Este hombre puso su confianza en el despreciado y ajusticiado Jesucristo y fue salvado. ¡Esa es la fe bíblica!

Hace más de 400 años, el catecismo de Heidelberg definió y expresó con toda claridad en una sola frase lo que es «la fe», mientras que yo he necesitado varias páginas para hacerlo:

Pregunta 21: ¿Qué es la fe verdadera?

«No es solamente un conocimiento cierto por el que creo que es verdad todo lo que Dios ha revelado en su palabra, sino una confianza en el corazón obrada en mí por el Espíritu Santo por medio del evangelio, de que la dádiva del perdón de los pecados, de justicia y bienaventuranza eternas, no sólo le son dadas gratuitamente a los demás, sino también a mí, por mera gracia y únicamente por los méritos de Cristo.»

La fe bíblica, sin embargo, requiere que haya renunciado a la fe en mí mismo. El orgullo del hombre es, trágicamente, el mayor impedimento para creer en Jesucristo.

Hace unas semanas leí en el periódico esta historia estremecedora:

Una familia de nueve personas padecía de una escasez de dinero crónica. A pesar de eso, Henry K., el padre de familia, rechazó toda ayuda ofrecida por los vecinos: «Ya encontraré una solución...»

Ya que Harry K. era empleado de Hacienda, su superior G., funcionario del Estado, también le ofreció ayuda, pero con la condición de que mostrara la lista de sus deudas.»A mi no me obliga nadie a revelar mis circunstancias más íntimas», fue la respuesta del padre de familia. Después de un altercado, inmediatamente, le suspendieron de sus funciones.

Harry K., sin embargo, siguió optimista en la mesa de tertulia: «No tenemos dinero para comprar pan; ¡pero pondré un remedio!»

El remedio consistió en que unos días más tarde los siete niños, la madre que había consentido en el crimen, y el autor del mismo, fueron encontrados en sus camas matados a tiros por Harry K.

Ese hombre prefirió morir como asesino y suicidándose antes que aceptar la ayuda de otros y con ello reconocer su desvalimiento.

Dios no exige ni más ni menos que admitamos y revelemos humildemente nuestra culpa y que reconozcamos nuestra incapacidad de apañárnoslas solos en nuestra vida. Hace mucho tiempo que Él ha preparado un remedio a nuestra miseria.

Si Dios existiera...

... ¡entonces tendríamos que hacer las cosas como es debido!

Al hombre de hoy le cuesta cada vez más tomar decisiones; esa, por lo menos, es mi impresión, que se hace más firme cuanto más conozco a los hombres.

Probablemente sean muchas las razones que han provocado esta actitud: El entorno y las circunstancias en las que vivimos actualmente nos acostumbran a la pasividad. Se reflexiona cada vez menos y a muchos se les ha embotado la mente. Una resignación paralizadora se ha generalizado y parece que la gente ya no cree posible que su vida pudiera cambiar radicalmente.

Normalmente, la gente joven tiene más facilidad para tomar decisiones y salir en busca de nuevos horizontes. Pero una vez pasada la primera mitad de la vida, la gente se conforma con su vida y se deja llevar. Cambiar de opiniones, volver a comenzar –eso parece incómodo y arriesgado.

A un fumador empedernido se le puede ilustrar y demostrar que la nicotina está arruinando su salud, que puede provocar el cáncer de pulmón y acortar su promedio de vida. Este fumador lo escuchará tranquilamente, probablemente moverá la cabeza en señal de aprobación, pero a continuación se encenderá otro cigarrillo.

Muy pocas personas están dispuestas a sacar consecuencias lógicas de sus experiencias y prefieren meter la cabeza en la arena antes que cambiar su vida.

Hace poco, un médico que trabaja en una sección de cáncer me contó que la mayoría de los pacientes, después de informados sobre la gravedad de su estado, consciente o inconscientemente suprimen esa información como si nunca hubiesen oído que están ya desahuciados por los médicos.

Cambiar de opiniones no es fácil y dar media vuelta es más difícil aún.

Una vez iba yo de camino a un campamento con mi furgoneta y un buen número de chicos conmigo. Todos íbamos muy contentos, cantando a toda voz y disfrutando del viaje. Hacía un sol espléndido y la furgoneta, cosa muy excepcional, iba como una seda, no había atascos en la carretera y todo estaba en orden. Hasta que, de pronto, me di cuenta que me había olvidado salir de la autopista para ir en dirección Hannover, y que nos encontrábamos de camino a Münster.

Es innecesario decir que en la próxima salida di la vuelta para ponerme otra vez en ruta. Hacer otra cosa hubiera sido absurdo, a pesar de nuestro buen humor, el viaje animado y el sol. Cada kilómetro de más en dirección equivocada nos hubiese alejado de nuestra meta, aunque hubiera muchos coches que fueran a Münster y los viajeros nos saludaran alegres al adelantarnos.

Manfred Siebald tiene mucha razón cuando en una de sus canciones dice:

«¿Qué cuadro torcido se colocará bien por mirarlo mucha gente?
¿Qué camino muerto se abrirá por andar muchos en él?
Me temo que no importa que estemos de acuerdo o no con lo que Dios aprueba, no importa que sean muchos o pocos los que con nosotros prefieran hacer lo que le desagrada.
Creo que lo que haga la mayoría no es lo que cuenta.»

Sören Kierkegaard, el filósofo ya citado, lo ha descrito así en su lenguaje tan expresivo y magistral:

«Imagínate un gran barco, mayor quizá que los grandes barcos que existen ahora. Hay lugar para 1000 pasajeros y el mobiliario es de lo más bello y lujoso que uno se pueda imaginar. En el salón todos están alegres, y el más alegre es el capitán.

Pero en el horizonte se ve un punto blanco: ¡Será una noche horrible! Pero nadie ve ese punto blanco o sospecha lo que significa. Nadie, excepto uno que le ve y sabe lo que significa. Pero es un pasajero. No tiene el mando sobre el barco y no puede hacer nada.

Para hacer algo, no obstante, lo único que podía hacer, pide que se haga subir al capitán un momento a cubierta. Tarda un rato; por fin sube, pero no quiere saber nada y al instante vuelve bromeando a la bulliciosa fiesta alegre donde con júbilo brindan por él.

En su angustia, el pobre pasajero se atreve otra vez a molestar al capitán, llegando incluso a ser descortés, porque el punto blanco sigue ahí en el horizonte. ¡Será una noche horrible!

Es terrible que los mil pasajeros estuvieran tan despreocupados y tranquilos; es terrible que el capitán no quisiera saber nada del peligro, pero más terrible aún es que el único que lo veía y que sabía lo que iba a ocurrir... era un pasajero.»

Kierkegaard utilizó este ejemplo hace 150 años para una determinada situación en Dinamarca, pero creo que también está muy acertado para nosotros hoy.

Si Dios realmente existe y la Biblia es la Palabra de Dios y su mensaje para nosotros –de lo cual estoy plenamente convencido– entonces en el horizonte de nuestro siglo que está llegando a su fin, también se ve un «punto blanco», y yo le digo a usted que vendrá una noche horrible.

La Biblia habla claro del juicio de Dios y del hecho de que cada persona deberá comparecer ante Dios para dar cuentas de la vida que Él le ha confiado.

El apóstol Pablo terminó su famoso discurso ante los filósofos en el Areópago de Atenas con estas palabras:

«Pero Dios, habiendo pasado por alto los tiempos de esta ignorancia, ahora manda a todos los hombres en todo lugar, que se arrepientan; por cuanto ha establecido un día en el cual juzgará al mundo con justicia, por aquel varón a quien designó, dando fe a todos con haberle levantado de los muertos.» (Hechos 17:30-31)

La mayoría de los oyentes de entonces reaccionó burlándose de él. Algunos quisieron conocer más detalles, y sólo unos cuantos sacaron la consecuencia de lo que oyeron y tomaron la única decisión correcta.

Si usted ha seguido estos razonamientos hasta aquí, puede reaccionar de varias maneras. Puede extrañarse con una sonrisa compasiva, de que haya todavía personas tan retrasadas como para creer en Dios y confiar en la Biblia.

También podría ser que tuviera interés en saber más sobre Dios y su modo de ver las cosas, y que se proponga volver a leer la Biblia. Eso sería una decisión justa y razonable.

Quizás, por su conciencia, esté usted de acuerdo con lo que he intentado explicar. Entonces será importante dar pasos concretos y buscar conscientemente el contacto con Dios, hacer las cosas como Dios manda.

Hable usted con Dios sobre su vida, su culpa y su impiedad pasada. Quizás le parezca extraño hablar con alguien que no puede ver. Imaginar que el Creador y Sustentador del universo, del que la Biblia dice que conoce todas las estrellas por su nombre, también me conoce a mí personalmente y se interesa por mi vida, parece estar más allá de nuestro horizonte. Y, sin embargo, no deja de ser verdad por ello, aunque con mi pequeña mente no lo pueda comprender.

Quiero animarle a que hable con Dios también sobre sus preguntas y dudas, con franqueza. Pídale que le ayude a comprender. No se trata de que formule palabras bonitas y escogidas, sino de hablar sinceramente con Dios.

Y si puede creerlo, entonces déle las gracias a Dios por que en lugar de usted juzgó a su Hijo Jesucristo en el Gólgota pagando con ello su culpa ante Dios, habiendo expiado así su pecado.

Sé por mi propia experiencia que no es fácil hablar por primera vez con Dios, abrirse a una cosa que hasta entonces era desconocida. Pero atrévase a dar ese paso, láncese.

Recuerdo bien como a la edad de unos 11 años yo sabía dar algunas brazadas nadando, pero aún no me había atrevido a saltar nunca al agua. No podía comprender que se pudiera saltar al agua profunda y a pesar de las leyes de la gravedad volver a salir a la superficie.

Veía con qué naturalidad mis amigos saltaban al agua emergiendo a los pocos instantes y haciéndome señas. Finalmente me puse en el trampolín y me asomé lleno de miedo a la profundidad desconocida. ¿Sobreviviré, si salto al agua?

Pero cuando, además, aparecieron las primeras chicas de mi clase y se quedaron mirando como estaba temblando en el trampolín a la altura vertiginosa de 50 cm por encima del nivel del agua, y empezaron a reírse y cuchichear, cerré los ojos y con el heroísmo de la desesperación salté al agua. Y ¡cáscaras! a los pocos segundos mi cabeza había salido del agua y yo había hecho una experiencia que me quitó todo el miedo que le tenía al agua.

Quizá esté usted a punto de dar un «salto» parecido, en lo que se refiere a su regreso a Dios. Posiblemente conozca usted a personas que han osado dar ese «salto» y testifican que es posible encontrar a Dios. Todo suena tan sencillo, y, sin embargo, es tan difícil cuando se está a punto de hacerlo.

Usted se encuentra en el trampolín, si seguimos con esta comparación, y tiene temor de dar este paso a lo desconocido. Me gustaría darle un «empujoncito» para que «cayera al agua». Pero sé que nadie debe hacer eso y que Dios no obliga a nadie. Él le deja a usted la posibilidad de bajar del «trampolín» y aplazar ese salto o incluso abstenerse de hacerlo. Dios quiere relacionarse amorosamente con los hombres, y el amor no se puede obtener por la fuerza.

Sólo puedo animarle a que se atreva a dar ese paso, y le aseguro por mi propia experiencia y la de muchas personas de diferente edad y nivel de cultura, que se puede confiar plenamente en las promesas de Dios. ¡Él cumple lo que promete!

Por último quiero recordar la mayor catástrofe marítima de la historia –el naufragio del Titanic– el cual, creo, puede ser símbolo de nuestra vida.

El 10 de abril de 1912 salió de Southampton el que era entonces el barco más grande del mundo, para batir el récord de la travesía del Atlántico y llegar lo antes posible a Nueva York.

A bordo de este gigante de los mares con la altura de un edificio de once pisos había 2.200 personas. Entre ellas numerosos emigrantes que iban en tercera clase y querían comenzar una nueva vida en América. En segunda clase iban los hombres de negocio y en primera se hospedaban algunos notables que pertenecían a los más ricos del mundo.

Equipado con toda clase de lujos y provisto de víveres suficientes para alimentar una ciudad pequeña durante varios meses, este soberbio barco moderno y calificado de insumergible emprendió su viaje.

Este transatlántico no llevaba ni cohetes luminosos de emergencia, por pensar que eran superfluos, ni suficiente cantidad de botes salvavidas. La seguridad del barco y el conocido y experimentado capitán Smith eran garantía suficiente para una travesía sin preocupaciones. Una orquesta se encargaba del buen ambiente. Para divertirse y distraerse había múltiples posibilidades de juego, deporte y baile.

A 400 millas marinas de Terranova, el Titanic recibió 7 mensajes radiotelegráficos de otros barcos que avisaban de la presencia de masas de hielo flotantes. Pero no se hizo caso de ninguno. El último provenía de un barco que estaba encerrado por el hielo a sólo 19 millas al norte del Titanic. Fue tan fuerte e insistente el aviso que dio, que el radiotelegrafista enfadado respondió: «¡Cállate ya de una vez, que tengo mucho que hacer!»

Pocas horas después, a las 23.40 h, ocurrió lo que ninguno creía posible: un iceberg colisionó con el Titanic abriéndole una gran vía de agua. Mientras que en los salones la gente seguía jugando y bebiendo, sólo el capitán y el constructor del barco, después una rápida inspección, se dieron cuenta de lo inminente de la catástrofe.

A partir de las 0.15 h los radiotelegrafistas enviaron desesperadamente mensajes de socorro al barco más próximo, pero el telegrafista de allí había apagado su aparato y se había acostado.

Entonces el capitán Smith dio la orden de enviar la nueva señal internacional de petición de auxilio, SOS, «save our souls». A los pasajeros se les dió instrucciones de ponerse los chalecos salvavidas.

Los pocos botes salvavidas los llenaron de mujeres y niños y los bajaron al mar, mientras que los marineros pistola en mano, tuvieron que cuidar de que no surgiera el pánico y entraran hombres no autorizados en esos botes. Algunos millonarios ofrecieron un millón de dólares, otros toda su fortuna por una plaza en un bote, a lo que los pasajeros de tercera clase replicaron con una risa burlona.

Mientras el Titanic se inclinaba ya de manera preocupante, la orquesta todavía seguía tocando un boogie-woogie. Pero entonces el director de la orquesta tomó por última vez la batuta e hizo tocar a los músicos el himno «Más cerca, oh Dios, de ti, más cerca, sí...» Muchos, conmovidos y estremecidos, se pusieron a cantar el himno con la orquesta, otros oraban, otros se pusieron a maldecir y hacer bromas sarcásticas.

Un Lord inglés apareció con su mejor traje de etiqueta acompañado de su mayordomo, pues quería partir de la vida lo más noble posible. Una mujer mayor se negó a entrar en el bote porque quería morir junto con su marido.

Algunos irrumpieron en la cantina y se emborracharon, y otros se prepararon para suicidarse. Los pocos que seguían creyendo que se trataba de una maniobra de entrenamiento, perdieron esa esperanza cuando por los altavoces se oyó la voz del capitán diciendo: «¡El barco se hunde! ¡Tripulación y oficiales, quedáis despedidos de vuestro servicio! ¡Habéis cumplido con vuestra obligación, habéis actuado como buenos británicos! ¡Sálvese quien pueda! ¡Dios os acompañe!»

A las 2 de la madrugada aproximadamente, la popa del barco se volvió a levantar en alto por unos minutos para luego hundirse definitivamente para siempre.

El «Carpathia», que acudió inmediatamente en auxilio, pudo salvar a 706 personas, 1.503 murieron.

Nuestra vida es semejante al último viaje del Titanic. Vamos de camino seguros de nosotros mismos, despreocupados, orgullosos y llenos de planes. Hay muchas posibilidades de esparcimiento y diversión, y está lejos de nosotros pensar en los peligros, porque nos creemos Titanes invencibles.

No hacemos caso de los avisos, que lo que hacen más que nada es irritarnos, cuando insisten tanto y nos crispan los nervios con esas noticias negativas.

Dios nos manda mensajes de aviso para hacernos ver el «punto blanco» en el horizonte. Pero, como los radiotelegrafistas del Titanic, reaccionamos enfadados: «¡Cállate ya de una vez, que tengo mucho que hacer!»

Luego viene la gran conmoción. Primero intentamos suprimir las terribles sospechas, hasta que nos obligan a reconocer los hechos: Estamos irremediablemente perdidos, incapaces de ayudarnos nosotros mismos. Dependemos de una ayuda exterior.

Es superflua la pregunta «¿Cómo puede Dios permitir que ocurra todo esto?» Hay que tomar una decisión, porque no se trata ya de especulaciones filosóficas, sino que es una cuestión de vida o muerte.

Con drogas y alcohol se puede huir a un mundo ilusorio. Se puede poner fin a la propia vida. Se puede intentar enfrentarse a lo inevitable honorablemente con corbata y sombrero de copa.

O, por lo contrario, se puede por primera vez pensar en Dios y la eternidad y comenzar a exclamar en la angustia:

«¡S.O.S! ¡Save our Souls!»

Así como esa llamada de auxilió no desapareció en la inmensidad del espacio, sino que fue oída por otro barco y originó operaciones de salvamento, esta oración hoy tampoco rebotará del techo de nuestra habitación. Dios lleva mucho tiempo esperando oír su grito de socorro para poder enviar un «bote salvavidas».

«Todo aquel que invocare el nombre del Señor, será salvo.» (Romanos 10:13)

«¿Qué aprovechará al hombre,
si ganare todo el mundo,
y él mismo se perdiere?
¿De qué le aprovechará ganar el tiempo
y lo que pertenece al tiempo,
si rompiere con el Eterno?
¿De qué le aprovechará
si con la brisa de la aclamación
y admiración recorriere el mundo a toda vela,
si naufraga en la costa de la eternidad?
¿De qué le aprovechará al enfermo imaginarse,
lo que todos creen, es decir,
que está sano, si el médico dice:
¡Está enfermo!»

Sören Kierkegaard

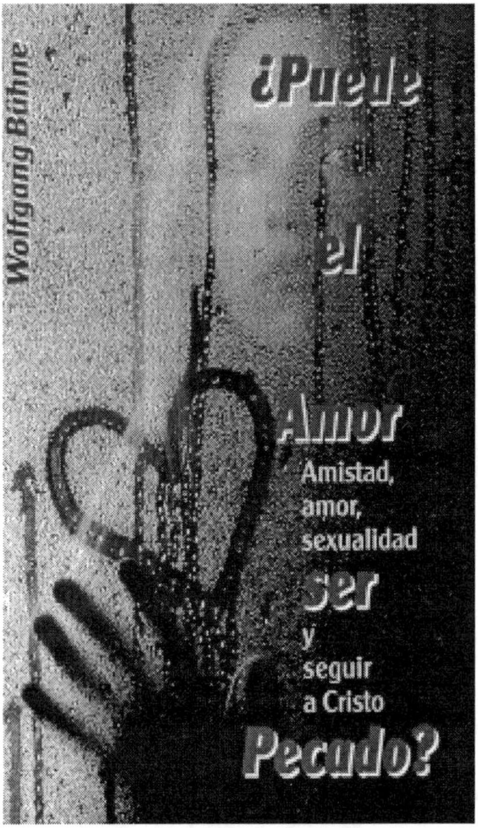

¿PUEDE EL AMOR SER PECADO?

Este libro habla del amor y sus peligros. Wolfgang Bühne explica las interpretaciones modernas y populistas que la prensa del corazón da a estos conceptos y también las distintas concepciones que sobre los mismos circulan entre los cristianos. Finalmente expone lo que la Biblia tiene que decir al respecto.